图片来源：东方IC

董卿

生命的意义是如此厚重，无论我们怎么样全力以赴都不为过，因为我们生而为人。

图片来源：东方IC

周迅

想做生活的小熊，无论路途多苦，
只要舔到一点甜，就很快活。

图片来源：东方IC

李娜

我只按照我认可的那种方式赢。

图片来源：东方IC

海清

标签只是一种方便认出的暗号，但成为什么样的人，我们可以自己选择。

文晏　　/// 在日益喧嚣的时代,克制冷静的表达才是最有价值的批判。

Papi 酱

与很多天赋型的喜剧演员一样,
她带给观众欢笑的时候,也带给自己孤独与寂寥。

图片来源：东方IC

闫妮

总说人生如戏，以为戏演完了，就能过与戏毫不相干的人生，如今方知你我早是戏中人。

图片来源:东方IC

贾静雯

能成为盔甲的坚强,并不会妨碍你撒娇。

《人物》杂志——著

柔与韧

中国出版集团公司
华文出版社

图书在版编目（CIP）数据

柔与韧 /《人物》杂志著 . -- 北京：
华文出版社，2018.9
　ISBN 978-7-5075-4884-6

Ⅰ. ①柔⋯ Ⅱ. ①人⋯ Ⅲ. ①女性－名人－人物研究
－中国－现代 Ⅳ. ① K828.5

中国版本图书馆 CIP 数据核字（2018）第 200969 号

柔与韧

作　　　者：《人物》杂志
责任编辑：杨艳丽　王晓冰
出版发行：华文出版社
地　　　址：北京市西城区广外大街 305 号 8 区 2 号楼
邮政编码：100055
网　　　址：http://www.hwcbs.com.cn
电　　　话：发行部 010-58336202　　编辑部 010-63426125
经　　　销：新华书店
印　　　刷：北京欣睿虹彩印刷有限公司
开　　　本：787×1092　　1/16
印　　　张：17
字　　　数：180 千字
版　　　次：2018 年 09 月第 1 版
印　　　次：2018 年 09 月北京第 1 次印刷
标准书号：978-7-5075-4884-6
定　　　价：49.80 元

版权所有，侵权必究

目录

辑一
专注
／
岁月造美人

董卿
惯性奔跑 / 003

周迅
姑娘，你有一张未婚妻的脸 / 018

李娜
生活大满贯 / 037

海清
"不惑" / 061

辑二
炼心
／
想在时代里
留下一点东西

笛安
主语是我，不是我们 / 073

颜宁
天真生产力 / 084

李一诺
贪心的人 / 105

马可
衣以载道 / 124

文晏
柔与韧 / 145

辑三

真我

/

身处浪尖
也要自由而行

苏芒
特殊的地方 / 161

徐静蕾
父与女 / 179

papi 酱小姐
一个敏感的知识分子网红 / 195

闫妮
梦中人 / 211

辑四

态度

/

如果末日来临
就给末日一个微笑

贾静雯
女儿需要的拥抱和关心，我也需要 / 223

贾玲
梦露与青蛙 / 235

蒋璐霞
一个龙套演员的十年 / 247

辑
一

PART 1

专 注

岁 月 造 美 人

董卿：惯性奔跑

○
○
○

文 | 张月　编辑 | 赵涵漠

董卿 45 岁了，在人生进入一个似乎更自由的阶段后，她却进入了一个加速狂奔的状态，"我就觉得鱼尾纹啊、斑啊这些事情并不是很重要。就像你挣脱了束缚以后，获得了某种自由，那种奔跑的速度带给你的满足感和兴奋感，让你已经不在乎风力有多少、周边是不是还有一些什么东西在阻挡你"。

在接近凌晨的时候，《人物》记者收到了董卿的采访回复。

董卿还在机房剪《朗读者》，要熬夜了，她问采访时间能否推后两个小时。

第二天下午，《人物》记者在后海的一家咖啡馆见到了凌晨四点才收工的董卿：短发、淡妆，眼底有淡淡的黑眼圈。自从开始制作《朗读者》，熬夜已经变成了她的常态，她能控制的，是尽量不要熬到天亮。

天亮太难受了，每次走出黑暗得感觉不到时间流逝的机房，看着城市在天光下苏醒，人们开始晨练、上班，董卿觉得自己像做了一夜的孤魂野鬼。

《朗读者》是她第一次担任制作人和总导演，这档节目现在已经成为一个现象级的综艺节目，第二季在豆瓣上的评分高达9.2。在文化孤独和娱乐狂欢之间，董卿偏执地找到了一个属于《朗读者》的位置。

这档节目在取得巨大成功的同时，也在透支董卿的身体。因为长期熬夜工作，她越来越瘦，白头发、鱼尾纹、斑，这些让大部分女性恐惧的东西一点点出现在她身上。父母劝她不能再这么熬了："你不是20岁也不是30岁的身体了。"

董卿45岁了，在人生进入一个似乎更自由的阶段后，她却进入了一个加速狂奔的状态,"我就觉得鱼尾纹啊、斑啊这些事情并不是很重要。就像你挣脱了束缚以后,获得了某种自由,那种奔跑的速度带给你的满足感和兴奋感,让你已经不在乎风力有多少、周边是不是还有一些什么东西在阻挡你"。

这种速度的获得不是没有代价的,她不得不牺牲掉生活的其他章节。"很多都顾不上了,我把孩子放在上海跟我爸妈住在一起,只有半夜的时候,可能凌晨4点、5点回到家,我才抽空看一下我妈妈发回来的视频。"

她想陪孩子过个暑假,但暑假已经过去一半,孩子还没有看到妈妈的踪影。

"会担心对家人孩子有亏欠吗?"《人物》记者问。

董卿沉默了两秒说:"什么事情都是你选的,这个选择是你做的,所以你只能去承受所有的一切。"

工作中的董卿,不是那个在节目里经常掉泪的柔弱女性。在她看来,工作是比命还重要的东西,那是幸福感的最主要来源。"不是因为我对自己狠,或者对节目有执念我就不幸福,也许正相反,我的幸福感恰恰来源于此呢。如果不让我过这样的生活,我觉得是不幸福的,所以一切到最后都是个人的选择导致的,所谓性格即命运可能说的就是这一点吧"。

董卿成长于20世纪七八十年代的上海,父母是知识分子,有着严苛的家教。她从小做家务、背诗词、练长跑,在父亲的求全责备中长大。父亲一度不许她照镜子,说:"马铃薯再打扮也是土豆,每天花在照镜子的时间还不如多看书。"

"他老打击你,你就会觉得自己不如别人,你必须要做得比别人好很多,才有自信心。"

父亲勤奋、苛刻、固执,这些曾经伤害过她的特质,后来分毫不差地在董卿身上生长出来。像宿命一般,她发现自己和父亲变得越来越像,甚至有过之而无不及。

董卿成长的时代同时也是中国发生剧变的转折路口,人们的命运和际遇突然多了各种可能性。"你可以有机会改变自己的命运,你可以比自己的父辈们过得更好。而你的确也抓住了一些机会,所以你会变得越来越紧张,你获得的越多,你的负担也越大。机会是我觉得最宝贵的东西。同样宝贵的还有证明自己"。

那个不敢照镜子的小姑娘后来终于证明了自己,站在央视巨大的舞台上的她早就超越了父辈的期待,但她同时也发现自己已经停不下来。那是一种奔跑的惯性,只能继续奔跑下去。

在工作不能填满的日子里,董卿偶尔也会觉得孤独。有很多次,春晚结束,所有的热闹都散场,董卿一个人走回家,不知道要做什么。前段时间想去看《邪不压正》,想半天想不出有谁能陪她去看。

她曾经一个人去看了8个小时的《如梦之梦》,看4个小时,出来一个人吃顿饭,再回去看4个小时。这些寂寥的人生时刻是她在奔跑后的中场休息,和她的工作一样,她早已习惯了一个人完成一切。

"后来你会慢慢明白,任何时候都会过去的。绝望的时候,它也就是这样一段时间，就过去了。愉悦得像沐浴在金色的阳光里，它也就是一段时间，它也会过去的。绝望的时候不那么绝望，高兴的时候也不要那么高兴，是你慢慢会学会的"。

以下是她的口述。

1

第二季《朗读者》开始的时候，我焦虑得不得了，因为第一季反响太好了，盛名之下，还能怎么去做第二季？第二季的开篇，也遇到了不少的困难，不光是经费的问题，还有很多别的困难。但我觉得还是要咬牙做。

为什么一定要克服所有的困难去做这件事情呢？

因为有很多人在等，很多人会问，怎么没了？可能也许是我自作多情，我就觉得在中央电视台这个平台上，或者在今天的中国电视的这个行业里边，还是应该有第二季《朗读者》的出现。它应该继续往前走，让喜欢它的人看到。

和其他节目比起来，《朗读者》的意义在于是能够"见人"，我觉得所有的艺术创作里面，最触动人心的就是人，没有什么比这个更宝贵了，人的精神、人的品质还有人的遭遇，这个是我能够倾注我所有的心血去做的。

我对内容有一种别人不太能理解的狂热，比如说我们的嘉宾采访时间大约是两个小时，两个小时意味着打稿下来就可能是在2万字左右，甚至3万字。我要把那个2万字的稿子反复看几遍，因为划稿子的时候已经和录制的时候隔去很长的时间了，然后你还要再回忆当时的状态，回忆嘉宾的语速，进入到他讲话的语境当中，要想象他好像还在你的对面，然后根据那个语境开始划稿，把2万字划成2000字。我有很强烈的完美主义，接近强迫症的边缘吧，每一个字都是我一个一个划出来的，多一个字少一个字都会觉得不舒服。

做后期就是在机房里一宿一宿地熬，电视是一帧一帧画面做出来的，那个画面永远有修改的余地，一坐十几个小时可能就坐过去了。

你问我有没有发过脾气，我记得有一次把一个导演训哭了。我们有一个嘉宾丘成桐，是目前世界上最好的数学家之一，拿过数学奖的大满贯：菲尔兹奖、克拉福德奖，这些都是所谓数学界的诺贝尔奖，他都拿过。他曾经是哈佛大学数学系的系主任，到现在依然活跃在世界的数学领域。我觉得这样的嘉宾能够请来很不容易，来了以后，他朗读《归去来兮辞》，大屏幕上用竖版把读本打出来，跟随他的朗读，一行一行字出现，但那个字幕和朗读的速度永远对不上，一遍、两遍、三遍，那个科学家很耐心，一遍读、两遍读、三遍读。

整个节目录制结束之后，我记得我当时特别的愤怒。我就说："太不专业了，怎么可以这样去浪费大家的时间？"我说："你知道丘成桐对世界意味着什么吗？如果你没有敬畏心，那你就不配做这个节目组的导演，他的时间是以分秒来计算的，因为我们耽误了他很多时间，他的一个小时，两个小时，三个小时，那也许就是人类的一大步，对吗？"

发完脾气过后我也会有点内疚，而且别人也就慢慢变得有点害怕你了。我可能太以专业性为目的，这个可能会让我不经意伤害到不少原本很喜欢我的那些人。

我们最后一场录制是在 2018 年的 6 月 9 号，录完最后一个嘉宾，时针已经指向了 6 月 10 号的凌晨两点了。大家就稍微庆祝了一下，在现场开了一瓶香槟，然后切蛋糕、拍照，很多工种就散了。

最后 20 几位核心导演留下来，就在舞台上，我说："每个人都说几句话吧，平时都是你们在听我说，现在我也很想听你们说。"到了告别的时候，我才知道原来每个人身上都有故事，有人说着说着就哭了。我们在一起做节目的这一年多时间里，团队里有的人离婚了，有的人大病，有的人的家人生病，有的人在写论文、准备答辩，大家都是焦头烂额的过程。

这些他们平时都不敢跟我讲，那时我才知道自己实在不是邻家大姐姐的那种领导风格。我也觉得很内疚，原来可能觉得这人没有投入足够的精力，做得不够好。因为我不允许自己这样，但实际上团队里的大家也都很努力。不过我依然觉得，走完这个过程，最终得到收获的是他自己，不管这个过程当中你是表扬他也好，责备他也好，成长是最重要的。

《朗读者》对我自己也是一样的，最大的收获就是发现还有成长的可能。"哎，你做得可以了，你已经做到顶了"，我大概在好多年前就听到过这个话，但其实每个人依然有成长的可能，这个成长不只是在专业领域，还有很多别的方面。

2

《朗读者》请过一位嘉宾吴孟超,是中国著名的肝脏外科医生,他读的是张晓风的那篇《念你们的名字》,是写给医学院的学生的:

你需要学习多少东西才能使自己免于无知,你要怎样自省才能在医治过千万个病人以后,使自己免于职业性的冷漠和麻木。

其实任何职业都要提防职业性的冷漠和麻木。

我在2012年的时候,就遇到了这种所谓的"职业性的冷漠"。那段时间挺痛苦的,所有交到你手上的节目,你觉得都是一样的。那些娱乐节目,我不知道这样说好不好,现在有时候看那些节目,依然会觉得那只是在做无谓的消耗。那时候我还根本不知道未来有《朗读者》的出现,但是我已经知道有些节目我不想再做了,我不想再那样重复自己。

我在中央电视台安身立命十六年,最骄傲的一点是我100%的投入工作,但2012年我发现我做不到了,会觉得特别痛苦。而且这种东西出现的时候只有你自己知道,别人看不出来。因为职业表达是很容易遮盖掉一些东西的,但是慢慢久了别人会知道,而且久了自己会退步的。

我决定自己按一下暂停。

我从2013年的下半年开始申请美国的学校,到2014年主持完春晚,这中间有七八个月的时间,所有的细节都在准备当中,我在几个学校之间反复地选。当时晚上整宿睡不着,特别的恐惧,没有安全感。因为我已经决定了,但是没有人知道我决定了,我也不知道我的决定会带来什么。

我当时其实已经做好了最坏的打算,就是回来没有我的位置了,因为这个行业的竞争也很激烈,而且这个位置是我花了差不多将近20年,才走上来的,只有我知道我为了它付出了多少,不是那么轻而易举的。曾经在我心里,只有工作是最重要的,我可以为了它什么都不要。我不考虑结婚,也不考虑生孩子,我从来没有把任何事情看得比这件事情还要重要。

当时我父母坚决反对我出国,他们的理由是你40岁了,留学是20岁时候做的事情。我说我20岁的时候,没有这样一个机会,我觉得我缺失。很多人说:"你在国内学学不行吗?你停下来,去报个什么班。"我知道那停不下来的,只要还在北京,在国内,就会有工作派下来,你没法完全彻底地停下来。

后来我就去了南加州大学。

我尽量地不去想在国内的事情,给自己多安排点课程。不上课的日子,就漫无目的地在学校里溜达,觉得阳光好得刺眼。

在国外读书的日子,其实就是我克服那种恐惧感的过程。为了让自己真正地平静下来,那时我连微信都没有,只偶尔地看手机新闻报,iPad只有两个界面,一个是英汉辞典,还有一个是菜谱,因为我要自己做饭。我让自己的每一天都非常的规律,不管是在学校有人认识我还是没人认识我,都让自己觉得是一件平常的事情。不管在课堂上能提问还是不能提问,听懂了还是没有听懂,都让自己不要焦虑。

这个过程，不能说像重生，它更像在打磨你的心灵。慢慢地，真的就切换到了非工作模式，一天、两天、半年、一年，你就不会想着我要去工作。打个不恰当的比方，就是你离开了一个你很爱的人，时间让你慢慢不那么想他了，不是说不爱了，也不是说遗忘了，只是不那么想了。你每天有更多的时间想别的事情。

打破平静的是哈文的一个电话。2015年春节前，她给我打电话，说让我主持春晚，我觉得不太可能，当时我已经有整整一年没有化妆，没有穿高跟鞋、也根本不考虑穿哪条裙子还是哪条裤子的问题，我不在那个状态了，不知道还能不能以很好的状态回到舞台上。

所以我就拒绝了，后来她又追了两个电话回来。你知道那个时候你在那么遥远的地方，组织上对你这么信任，说你一年没有站在这个台上了，依然邀请你回来参加最重要的这个节目，你的心里还是会有很大的安慰和满足，觉得好像大家还很惦记你啊，于是就回来了。

那年我主持春晚感觉很神奇，觉得很开心，就像是久别重逢。你发现有些东西是在你的血液里的，就像你学会骑自行车，你可能十年不骑，你还是会骑。你掌握了某种语言，可能你很久不说它，你还是会说，就是这种感觉。

我当时还有一种感觉，如果再有人来找我做节目，我一定做一些我真的想做的节目，而不再只是简单地重复过去了。所以才有了后来的《挑战不可能》《中国诗词大会》，还有《朗读者》。

3

在主持了13年春晚之后，2018年没有主持春晚，我其实挺意外的。

除了意外，就是有些舍不得，好像还没有做好充分的心理准备离开了这个舞台。之前也听到了一些传闻，因为按照我们的经验，到一定的时候就应该会有通知要上春晚，然后也没有得到这个通知，慢慢地想到大概就是这么回事儿了吧。

有很多朋友来安慰我，大家也都是因为喜欢你，就说："怎么会这样？"你要在调整自己的时候，还不得不拿出很多的精力去安抚别人。

那年春节是我和爸妈一起过的，我们就全家一起在家里做的年夜饭，看了春晚，然后休息，特别正常的一天。家里的气氛没有觉得有什么不对，因为不做春晚的那种心理上的波动在春节之前就已经慢慢过去了。

很多人说我去美国读书是自动的一个刹车，现在想来好像冥冥中自有安排。那个时候你已经在磨炼了，内心也在翻滚，也在煎熬，但是慢慢地，你能放下恐惧和担忧，这个恐惧是什么？说穿了，无非是你不能再站在中央的一种恐惧。你知道自己也许会走下坡路的恐惧，然后你强迫自己去做一种改变，去学习、去思考，去寻找新的方向，去为未来成为更好的自己做准备。

我现在还记得2005年是我第一次主持春晚，那届郎昆是总导演，他给我打了一个电话，就说咱们准备准备可以进组了，一定要保密啊，千万不能告诉别人，就是父母也不能说啊。我憋了两天以后，还是没忍住给我妈打了一个电话，说："你不能对外面说哦，现在还没有公布。"当时觉得非常幸福，似乎实现了自己的一个梦想。那个时候也是先听到了很多传闻，说你有可能上今年的春晚，心里开始暗暗地希望它的发生。到了2018年，我也是听到了传闻，说可能不上今年的春晚了。多有意思啊，一切都仿佛是在轮回，发生着一些相似的场景，但是内容却大不相同。

我真的用尽全力了，春晚我没有出现，心里一定是有波动的，但是我还是很庆幸我做了足够多的努力，这些努力让你在得到的时候，觉得很踏实，然后在失去的时候，也不会有太多的遗憾，因为我已经全力以赴了。

4

我爸爸是农村长大的孩子，老家条件也很苦，爷爷过世很早，奶奶又是农村妇女，家里特别贫穷。我父亲骨子里就是那种认为一定要勤奋，要刻苦才能改变命运，这是他的人生信条，这种人生观深深地影响了我。他让我从小要做家务，要读书，要练习长跑，要锻炼你所有的独立生活的能力。

这种严苛的教育可能曾经伤害过我，但是现在也觉得，任何事情都有它的两面性。我现在自己有孩子了，我还是觉得对孩子严格一些更好，但是现在因为工作的缘故，很少能照顾到自己的孩子，更多的要交给我的父母来帮我照顾，隔代的教育就会宠溺很多，很多时候我觉得没有原则，心里就会暗暗纠结，我想有一天要把小朋友带在我的身边，我要好好地管教他。

这种教育的弊端就是让你觉得不太自信，你必须要做得比别人好很多，你才有自信心。如果你跟别人差不多，就觉得自己不如别人，经常会产生出一些不安全感。还有一个就是，你不喜欢依赖任何人，你只靠自己。所以为什么我很多时候都亲力亲为，是我不喜欢去埋怨别人做得不够好，我只能自己去做。

我在工作当中是充满防备的、战斗性的。我以前累到一年做130多场节目，累到摔到尾椎骨第四节骨裂，然后瘸着拐着撑下来，累到生理期紊乱，整个脸全都是痘痘，但再累我都没有掉泪。

确实一直很紧张，我也不知道怎么松弛。可能跟我的成长环境有关系，我们这一代人成长于20世纪70年代末到80年代初，那是整个中国社会发生剧变的一个时期。就是你突然之间明白了，你可以有机会改变自己的命运，你可以比自己的父辈们过得更好。而你的确也抓住了一些机会，你会变得越来越紧张，你获得的越多，你的负担也越大。

在美国读书的时候有一些朋友，他们说你可以松弛一些，我说你们美国人是富裕时间太久了，所以都比较懒散。他们的确很放松，一周五天的工作日，周末一定去休假，周末也一定关机。我刚去的时候被他们逼疯掉了，周末所有的房屋中介都关机。我说我要租房子，全部是留言，不会有人回复你，一定到礼拜一才回你。我想我们国内的中介是多么勤奋啊，你发什么他马上给你找房源。

因为不想辜负这些来之不易的机会,所以我会那么努力,不管交给我什么,我都能够百分之百地超出导演的想象去完成。我并没有觉得自己有比别人更强的地方,但是你只要把这个事情交给我,我一定不会让你失望。

我们有撰稿人给主持人写好台本,那我一定不会完全只按照这个台本说的,我会把只按照台本说看成是我的一种失职。我的记忆力非常好,一个10页纸的台本,我大概花两个小时就能够全背下来,但是,你就敢上台了吗?那是多么可笑的一件事情。

20年前我敢,20年前我更关注的是,我怎么样把我的头发弄好,我要从哪儿借套更好看的衣服,我一定要比站在我边上的人要更白、更高、更瘦,那样才好。但是后来,我不知道是从什么时候开始的,有一天我就会觉得,这样对吗?可能是到了中央电视台以后,对,应该是到了中央电视台以后,因为你发现你准备过的一些东西得到了认可——中央电视台的确是个大平台,你的一点点优点会被无限放大。

我是2002年到北京的,头几年也过着跟大家一样的北漂生活,租房这些都不用再讲。那时候,我在西部频道主持《魅力12》,那个频道是新的,在华东地区不落地,我爸妈在上海根本看不到。那两年觉得挺窝囊,就是你做得很辛苦,可是没有人知道你在干什么。直到有一天,我坐出租车,司机说:"你是那个《魅力12》的主持人吗?那个节目挺好的。"大概做了一年多之后,有台领导在会议上说:"西部频道《魅力12》那个节目做得不错,那个主持人也不错。"然后中央3套才会关注到中央12套有这么一个主持人。我才知道,其实你去做了,就会有人看到,得到鼓励之后,我会花更多的时间去做,然后时间一久就会形成你的一种工作的理念。

现在的危机感可能来自对自己能有多少超越，跟自己之间的那种较量。

你有没有注意到这一季的札记，很多都是我特别喜欢的话：

生命的意义是如此厚重，无论我们怎么样全力以赴都不为过，因为我们生而为人。

我是一个活得特别用力的人，用力不够的话我自己会觉得不过瘾，会觉得日子似乎白过了，多可惜啊。

周迅：姑娘，你有一张未婚妻的脸

○
○
○

文 | 魏玲　编辑 | 张悦 / 张捷

"不是说你这辈子没人要你才叫未婚妻的脸，
是因为周迅永远是抱有期待的，期待明天，
仿佛明天对她全无恶意。"

金鱼的记忆只有 7 秒，是吧？我是大金鱼

"一个小姑娘扒在门缝那儿，"黄磊笑着回忆，"她手不好看，冬天嘛，冻得通红，我说'你手长得跟胡萝卜一样'，她就在那儿笑。我经常逗她笑，她怕长眼袋，就摁着眼睛笑。那水灵。"黄磊从片场赶来，带着戏妆，头发乱糟糟的，说起话来铿铿锵锵，有点愤世嫉俗。

当他提到周迅的时候，表情一下子就柔软了。

1999 年 12 月 31 日，电视剧《人间四月天》拍完，他和周迅去台湾地区一个偏远的小镇宣传，那时人也没什么名气，戏也还没火。夜里回台北的路上，俩人包了一辆小面包车，车开啊开，周迅困得不得了，突然车里的广播响起。黄磊记得很清楚，广播说的是："你们知不知道跨越千禧年的时候你跟谁在一起，你就将和谁一生纠缠不清。"

"这时开始倒计时，我才意识到跨年了，八、七、六、五……我看着她，她冲着我笑，她说，'咱俩纠缠不清'，我说，'不会吧，咱俩？'最后我们俩手拉着手，跨了一个千年。我说，'新年快乐'，她说，'磊哥新年快乐'。"

从台湾地区回来，黄磊和周迅两个人没再往来，但在千禧年过

去的 10 个月后,他们双双接到了电视剧《橘子红了》的剧本。黄磊忽然发现原来"纠缠不清"是在《橘子红了》里面,而那半年的"纠缠不清"像一辈子那么长。

《橘子红了》的最后一场戏,是俩人的诀别戏,戏里的周迅怀着黄磊的孩子,拍这场戏的那天,他们来得很早,面对面坐着,还没拍,周迅就哭,黄磊也掉眼泪。那场戏拍完黄磊觉得很累,心脏不舒服,他跟周迅说自己去影棚门口抽根烟,周迅跟出来,也抽烟。就在那个门边上,黄磊说:"她站在我旁边,忽然我觉得像过完一辈子了,两个人站那儿像过完了一辈子。"

那之后,黄磊只见过周迅几面,在明星云集的活动现场。他说周迅总是明星当中王冠上最璀璨的一颗小珠子。"她一看见我,就喊磊哥磊哥,跑到我这边,有时坐沙发上,有时坐我旁边"。

黄磊有些高兴,又有些怅怅的,他说起自己喜欢在片场看书,周迅很崇拜,常常找他聊天,还给他起了个外号叫"半月谈"——半个月长谈一次。"但是后来这半月谈,半年也不谈,现在快半生都过完了"。

采访中途,演员胡东问《人物》记者是否会见到周迅。那时胡东正在车轱辘地来回来去讲 20 世纪 90 年代初那几年的故事,讲他和 17 岁的周迅如何一宿一宿搓麻将,将两人如何从杭州漂到北京又到同一家饭店唱歌,如何开着一辆扔在街上都没人捡的破车出去玩,他在回忆中不断地细化、细化,甚至学着周迅哑哑的嗓子唱了她在饭店驻唱时的名曲:"今夜还吹着风,想起你好温柔。"

得到肯定答复后,胡东顿了一下,说:"小周已经很久没给我打电话了。"

他说自己一直不知道问题出在哪儿，一直以为是因为结婚生孩子，周迅怕打扰他，慢慢走远了。直到后来有共同的朋友提起，20世纪90年代大家都籍籍无名时，胡东拿过一个全国男模大赛的名次，甚至还出国比赛了。那个朋友问他："你回来以后是不是有些显摆、骄傲了？"胡东仔细回想，他的确跟周迅说过："小迅你要加油啊，你看哥哥现在都……"

胡东说："你帮我告诉她，东东哥做得不好，请多担待。"

"这事儿也过去很多年了，但我一直没跟小迅说，专门说也奇怪，好像太郑重了。今天我敢对你们说出口，我觉得我也进步了。"胡东想了一会儿又说，"她都40岁了，在我眼里还是个小妹妹。"

1999年，高晓松找到周迅的经纪人，说："钱只有您要的十分之一，但我只要她35天。"当时正是夏天快过完秋天还没来的时候。高晓松说："35天就是夏天到秋天，一片树叶子从树上落下来的时间。我们不做什么，这35天也会过去——叶子从树枝上离开，掉落到地里。我们拍这个戏，一起用这35天，叶子怎么落下我们把它记录下来了，不然的话，叶子落了，但是这段生命状态没有留下记录。"

就这样，周迅出演了电影《那时花开》。

电影拍的是青春故事。周迅25岁，朴树26岁，夏雨23岁，正值青春的人在演青春的故事。高晓松说："没什么好讲戏的。"机器开着，他只告诉周迅一件事："你觉得能看镜头的时候，你看一眼。"周迅问："镜头是什么？"高晓松说："是岁月，我没法告诉你到底什么时候你会回头看这一眼,看向岁月,看向你自己正在度过的一生。"周迅说:"我懂了。"

那一幕电影里,夏雨对周迅说:"你帮我给我女朋友写信,我腿摔断了,你帮我告诉她。"夏雨口述一句,周迅就写一句,信写到最后,高晓松让夏雨说一句双关语:"我爱你。"

电影里夏雨让周迅写的那封信,到底是要写给美国女朋友的,还是说给周迅听的,高晓松说他没告诉演员怎么演。夏雨说完,周迅就完全听懂了,她在信纸上写,一边写,一边在嘴上说:"我——爱——你。"说完她一抬眼,定睛看着镜头,一眨不眨。

"当时我在监视器上看这一个画面,周迅看向镜头的那一眼真是直接看到我心底最柔软的地方了。"高晓松说,"不骗你,那一刻我都爱上她了。"

这些被叙述的周迅的瞬间:黄磊的瞬间、胡东的瞬间、高晓松的瞬间,周迅全忘了。"金鱼的记忆只有7秒,是吧?我是大金鱼。"周迅对《人物》记者说。

你在我生命里是重要的人,
你怎么会说我鞋难看呢?

"周迅是一个不停漂泊的人。"周迅的好友、演员黄觉说,"她每个时期接触不同的人，经历不同的人，幸运的话可能会留下一两个一直维系的朋友，在接触我之前她有个交好的朋友叫常青，或者叫大头，在我之后又有一个叫黄少峰的，黄少峰之后又有一个，周迅每个时期会留下一两个好友，等待那段时间过去了，双方之间没有交集了，就渐行渐远——这是她的生命轨迹。"

"我还真是这样。"周迅点点头，"这里停一会儿飞走了，在那儿停一会儿又飞走了，然后可能又回来，或者又飞到那儿去。"

周迅说，小时候爸爸就告诉她，君子之交淡如水。所以她要对谁好，当下就会对他们好了。"人生的路就是这样的嘛，就是聚聚散散，散散聚聚。不一定要带走。而且我记事儿的能力特别差，但我会记得那个人的感觉"。

在周迅的经纪人陈辉虹看来，这也许和周迅的成长有关系。她太小就待在剧组里面，一个组拍完去另一个组，就像不断地从一个飞机搭另一个飞机，这样快速又短促的生活很难一直同行，除非下一架飞机上还是同一拨人。

不难理解为什么每一拨旅伴都像母鸡护小鸡一样地爱着周迅。《人物》记者在厦门、福州片场待的5天里，周迅当众哭了两回。一回拍洪水肆虐的戏，周迅要在暴雨中没入齐胸深的冷水里挣扎，每次下水前，她都要喝一口金门高粱酒。那场戏拍了一条又一条。凌晨时分，每个人都又冷又困地熬着，周迅大声喊岸上的男友、经纪人、朋友、记者和工作人员都过去，一定要让所有人把手叠在一起，不许松。她眼睛一闪一闪，哆里哆嗦地说："做任何事，我们在一起。"说完眉毛一蹙，滚下两行热泪。

还有一回，几个老朋友来片场看她，得知周迅当时美籍华裔的男友 Archie 听不懂中文，不管会不会，每个人都搭配着手势比画努力地讲英语。周迅坐在一旁怔怔看着，突然说："为什么那么开心？"又哭了。

周迅曾在接受采访时谈到自己和人的交往方式："我是一个小朋友，很喜欢另外一个小朋友，那个小朋友也要喜欢我！"一旦她喜欢的小朋友不喜欢她，哪怕是不喜欢她身上的某一部分，那也会触犯她。黄觉对《人物》记者说："周迅每次见他都要问'哎，看我鞋好看吗？'"就因为十多年前，黄觉无意说过她一句："这鞋太难看了。"

采访中，周迅沮丧地承认直到现在出门选鞋对她来说也是障碍："我就想，到底选哪双鞋啊，真的。"说着说着她情绪又起来了，"黄觉在我生命里是重要的人，你怎么会说我鞋难看呢？"

什么情况？一个艺人需要10个人带！

周迅一厢情愿地相信，世界上永远是好人多，靠近她的人即使有坏人，也是很小很小的比例。

因此她的经纪团队必须时刻保持审慎，他们的职责包括帮助周迅甄别和什么人、什么事打交道，保护她，包括她的形象、声誉和感受。"工作室的人都非常爱她"，她的助理之一说，她强调了"非常",另一层意思是,因为周迅过于随性的性格,照顾她可算不上轻松。一个冒冒失失、让人担心的、孩子气的老板,周迅在她的团队里就是这么个角色。

周迅一到公共场合露面,身边小十号人就惶惶不安。2008年,拍电影《女人不坏》间隙,周迅去王若琳的弹唱会现场玩,乐评人戴方记得,大伙儿在后台喝酒聊天,她接到周迅当时的经纪人黄烽的电话,说:"小周没接电话,你一定要提醒她,今天记者特多,注意一下形象,别叼着烟之类的就出来了。"戴方如实转告,周迅也记住了不能叼烟,但是转眼就拿着一个酒瓶子出去了。旁边一个女明星则先把酒倒进纸杯里,很自然地端出去,看不出来喝的是什么。第二天,周迅就和酒瓶子一起上了报,黄烽问她:"小周啊,怎么回事?"周迅答:"你没说不能拿酒瓶子!"

"我会有点儿害怕。"她的一个前助理说,"自己有时候会因为紧张反应过度。"她辞职的原因也跟周迅太随性的个性有关,周迅常凭感觉做决定,突如其来的变化多,让她24小时始终悬着心,一直在焦虑之中。

周迅团队的商务经理楚忱觉得这完全不是问题,她的语气充满怜爱:"你不能要求一个画家还会卖画,对吧?"大部分公开场合,她寸步不离地跟着周迅,像一层防弹玻璃罩。她看上去希望替周迅解决掉一切现实麻烦。"其他是我们的事。"她说,"小周只负责艺术就好了。"

说到这儿时,周迅正坐在楚忱旁边的椅子上吃馋嘴蛙,听到这句她放下筷子,朝楚忱挤了挤眼睛。

刚出道时，周迅与外界打交道的能力几乎为零，记者打来电话采访，当时照看她的李少红导演就摁开免提，准备好白纸，记者问出一个问题，李少红就唰唰拼命写怎么回答，周迅一边看，一边慢慢念出来。"采访完全不行，从小语言表达能力就不是特别好，有些演员根据现场情况台词自己就蹦出来了，我演了20多年到现在才开始会一点。"周迅说。

多年过去，一有面对面的采访，团队上下还是很紧张。2009年周迅的一次采访，戴方光在一旁看着都替黄烽累得慌。他说："所有的人都怕周迅说错话，她有时候说得迷迷瞪瞪的，经纪人就得找补，要不然得罪了谁或者怎么着，麻烦。"

在黄烽比较有名的时候，带周迅的团队已经有10个人，当时还不兴一个艺人一支队伍，戴方回忆，连华谊老板王中军都很纳闷，特地过来问："什么情况？一个艺人需要10个人带！"

"经纪人，尤其是独立经纪人本身有着多重角色，有可能他只是一个助理，也有可能就是这个艺人的操盘手"，曾宇说，他是周迅的好朋友，也是周迅两张专辑的制作人，"小周是比较愿意把复杂的东西全部撒手给别人的人，她深知自己的缺陷，知道哪些自己根本管不了，在管不了的那部分上，她百分百地愿意信任你，愿意把东西都交给你做"。

在曾宇看来，是周迅的性格决定了她选的历任经纪人都"特别有力量"。从黄烽到余光照再到陈辉虹，都是男性，强大，能保护她，作为一道坚实的屏障，挡在她与外界之间。

我们还挺幸运的，
能赶上这么一段梦幻般的生活

周迅永远在严肃的工作里私揣一颗过家家的心，她干什么都要好奇，要新鲜，要尽兴。

她喜欢说"玩儿"。形容一个人好，"这人好玩"；形容一个不熟悉的人，"和他玩儿的时间不长"。导演曹保平记得，《李米的猜想》在昆明翠湖边取景，每天拍完戏，剧组成员会一起绕湖散个步，大部分场务师傅没那么多雅兴，工作累，第二天还早起，走一会儿就想回酒店休息了。周迅磨磨蹭蹭、拖拖拉拉，一会儿"天色还早呢"，一会儿说"还没尽兴呢"，就是吵着不许散。

和周迅之前待过的剧组相比，这个录唱片的团队小太多了：总共 4 人，周迅玩心一起，剩下仨全被带跑，最后 4 个人录 10 首歌抻了一年半——相当于周迅拍 50 集电视剧《红高粱》和 3 部电影的时间的总和。

2002 年第一次见制作人——"火星电台"乐队的曾宇和黄少峰时，周迅抱着两瓶香槟就来了。"10 年前我跟陌生人见面，害羞得真不知道该说什么！我想，怎么办，我先揣两瓶香槟吧，喝了酒话比较容易往外说。一见面，我们喝！然后过程就变得比较轻松，我们仨就成了非常好的朋友"。

那段岁月周迅一说起来就两眼放光："录音棚在一个湖边上，今天录不出来，ok，大家歇会儿，聊天，溜达，然后还到乡下去放风筝，在棚里就做游戏。演戏嘛，灯一关，我演特别多钱的制作人，所有人都要来讨好我。我们疯的时候，曾宇就在那儿：'哎，差不多录两句吧'。"

乐评人戴方那会儿跟他们混在一起，周迅说唱片公司老板宋柯曾带着这个小组织见过李宗盛，看李宗盛能不能帮着做几首歌。刚开始一切很好，李宗盛带他们到自己棚里、到家里聊音乐，渐渐地，"大哥也扛不住了，因为这女孩'太晕了，太另类了'"。

录到一半，周迅和李亚鹏恋爱，撂下挑子跑到海南帮男友拍电影《海滩》去了，小组只好跟着搬家到海南。周迅天天片场、酒店两点一线。没录音棚，大家找四五个床垫往酒店房间墙上一堆，没防风拍，街上买丝袜包在羽毛球拍上。周迅模仿录音师李军在小摊上挑丝袜的样子，乐不可支，她说："这儿拉拉那儿拉拉，就像色老头！"

一年半后，这张在他们看来旷日持久乃至遥遥无期的唱片居然做完了。最初，专辑中的主打歌《看海》4个人都看不上："流行歌，俗！"周迅态度十分坚决："唱《看海》，我不唱，精神洁癖嘛，不唱不唱。"宋柯迫使他们就范。几个月后，《看海》真的红了，黄少峰在电视上看周迅参加《同一首歌》，现场火爆，她唱着唱着，问："好听是不是？"然后全场就喊："好听！"

"周迅特容易疯，她疯起来的时候也特美。"黄少峰说。那时火了，忘了谁提了一嘴要组乐队，周迅high极了，说："来啊来啊，我练贝斯，然后飞去香港买了把贝斯。"

后来这个乐队真的演出了一次。他们在一家咖啡馆，为某个不知名乐队的首发式暖场，唱了3首《夏天》里的歌。上台前特紧张："各自就在想，穿什么好啊穿什么好！"最终曾宇一个人搞定所有乐器。"我和周迅俩废物，只会唱歌，那天让周迅唱，我摁了摁电脑播放键，在舞台上扭了会儿头。"黄少峰回忆。

那天的演出反响"特好""特热烈"。唱完下台，仨人都很激动，计划着未来的伟大梦想，"有很多细节，比如说怎么去巡演，什么内容……那会儿过得挺梦幻的。那种感觉，就是特梦幻，就是彩虹放在那儿呢，歌词里写的，'大海许诺给天空的彩虹'。我的天！真的，巨棒"。

俩人的工作室里回荡着周迅《夏天》里的歌，曾宇把声音又拧大了一点。"灿烂的唱片的黄金时代，成就了我们当时一段梦幻般的生活。我们还挺幸运的，能赶上这么一段"。黄少峰没吱声，他坐在地板上，失了会儿神。那把贝斯现在还在他家搁着，其实大家心里都清楚，周迅不会真的有时间组乐队，但曾宇说："那一刻每个人都是真的愿意的。"

我不停地捞她……

打破"7秒定律"的东西大部分都是不快乐的回忆。

周迅伸出胳膊说："你用润肤露抹这儿，一会儿就忘了。只有用刀这样划一下。"她做了一个刀切的手势，"哎哟，痛，你会记得，我还在这儿啊。"

黄觉是那个会在这样的时刻接到周迅电话的人，是那个当她情绪低落时不停地捞她的人。"只要她的电话来了，有时一个月一次，有时几个月来一次，有时候可能一整年都消失了，但只要电话打来，我就知道她的情绪又不好了。"他说。

20多年前，黄觉和周迅是在大街上撞上的。"周迅跟她两个同学，我跟我一个广西来的朋友走在路上，她们3个女孩和我们这么迎面过去。那时候我们年轻，又高，长得又挺帅的。反正3个女孩对两个男孩感了兴趣，然后周迅就假装跑过我们，回过身假装跟另外两个女孩招手：'哎，你们快一点，你们快一点！'其实就想看清楚这两个人长什么样。"

后来偶然间，黄觉和周迅俩人到了同一家饭店工作，周迅唱歌，黄觉跳舞。"那会儿我们在约定的排练时间之前就到了排练地，我很困，就窝在沙发里头，她就叭叭叭叭地说，我就'哎呀，行了行了别说了'，二十几岁的男孩哪听得进去这些啊。但是反倒就因为这样的情况形成了我们这么多年的关系，我变成了她身边的一个倾听者，一直听到了现在"。

20年来，黄觉看着周迅掉进一个一个大坑，看着她"一身伤喘着气从坑里爬出来"。这些大坑，有时是情感，有时不是。黄觉说："周迅事业上越来越往最顶端去，越高的时候参照物就越少，那种迷茫。到了一定的地方她每走一步都会很累，因为所有人都会看着她，但是她是天秤座，不容自己身形难看。"

"反正每次她情绪要往下滑的时候，都会看到一只手在拽着她——我紧紧地拽。不管能不能拽回去吧，都是我在做这个动作，我就是她的一个习惯性缓冲。我不知道她为什么给我这样的信任。"

黄觉说，他感激这个信任。

有一次，黄觉在香港看到电影《巴黎野玫瑰》，他打电话给周迅，说："你一定要看，我觉得电影里那个人就是你。"

和电影中的主人公相同，黄觉说周迅就是一个软体动物，她有着真正的艺术家的性格。"她就是骏马，很放肆地燃烧自己。我可以成为她那种人，但我还有一半可以很理智、很入世，我这一半在保护着我，因为那一半90%最终会焚烧殆尽、会陨落。所以我能理解她，所以我会让自己去感染她，去作为一个屏障，能挡多少是多少"。

也有好多人排着队想捞周迅，但没有机会。

"我特想成为一个她生命中有用的人。"黄少峰说，可是周迅在他面前的角色是姐姐，非但不会暴露脆弱，反过来还会充满责任感地教导他、训斥他——别混了，别找那么多姑娘。"她知道她难过的时候跟我说没用，我根本安慰不了她。我们仨拆伙也有这个原因，没用的人，你知道吗，啥都帮不上，然后就觉得没什么劲了。"

周迅说："我也很纳闷，我每次最伤心难过的时候，都会出现人，每次我这样，都会有只手来接住我。"她右手做了一个下落的动作，用左手接住了。

采访那天，黄觉说周迅有段日子没打电话来了。几天前，他看了一篇周迅最新的采访文章，非常高兴，因为文章里周迅直接谈到了年龄和老去。黄觉觉得这意味着周迅终于能够面对自己了。

"我觉得这对她来说是最大的保护，最大的成长标记。因为她要找人倾诉，什么事必须有个人去说出来，就证明那时候她没办法面对自己。可她那些坑是有谁能够帮得了的？我觉得朋友帮不了，她所谓的宗教我觉得也帮不了，最终还得靠自己。"黄觉说。

有的女孩的爱情就是一件"百鸟衣"

在福建拍电影《我的早更女友》期间，周迅找导演争执了好几次，她觉得佟大为扮演的角色太完美了，会误导观众。

"这男人太好了，没有这么好的男人，不现实。导演没改，导演说'电影嘛，要有一种美好的感觉。'可正因为这种美好害了很多人。"周迅说。被导演拒绝后，她跑去跟经纪人陈辉虹表决心，以后要拍就拍真实的情感状态，不拍这种了，这是假的。

电影杀青后，从进福州机场大厅到落地北京、取行李、出航站楼，摩肩接踵的人群里，周迅一路牵着男友Archie的手。《人物》记者问，恋情尚未公开不担心被拍到吗？周迅困惑地说："你跟这个人在一起，你不是对他全部认真的话，那跟他在一起干吗？对他全部认真的话，拍到就拍到啊。"

"有些时候很奇怪，我和他（经纪人陈辉虹）明明是朋友，但被很多人说成是一对，然后明明我跟我男朋友手牵手，也没人拍。"周迅无奈地眨眨眼睛。后来，周迅索性在微博上贴出了两人的合影和Archie的百度百科，并写道："请大家多多关照。"

《人物》记者第一次见到周迅时，她裹在那种恰到好处的小黑裙里，双腿交叉，坐在高高的吧凳上，姿势端正，看上去严阵以待。熟悉之后，周迅说，早年她打死也不这么穿。那时她觉得世界上只有一种好，就是摇滚精神。而那些涂红指甲油、穿裙子、蹬高跟鞋的都是傻帽。她永远只穿夹脚拖和牛仔靴，涂黑色指甲油，披着铠甲一样重达半斤的皮夹克。

周迅的成长过程沉迷于爱情电影和情歌。电影里，男孩和女孩所有的时间都在恋爱，每一天每一步都快乐，情歌歌词也是"打死都要在一起，为了你我什么都能做"。周迅一度相信男孩只有一种，就是电影里那一种——高大英俊，又酷又痴心。

从《苏州河》的贾宏声，到《那时花开》的朴树，再到《射雕英雄传》的李亚鹏，当周迅自己成为电影女主角时，她自然而然地爱上了电影里的男孩。

编剧史航说："有的女孩的爱情就是一件'百鸟衣'，她总得遇上100只鸟，每只拔一根羽毛，用100根羽毛做一件衣服——那是世上最美的衣服。周迅就是这样。"史航说，他不会替那些"鸟人"疼，他只关心她什么时候凑足了，才能暖和一点。

"百鸟衣"丰满，然而这些从电影里得来的爱情最后都破碎了。周迅说："一旦吵架，我会很难以置信——啊？还会吵架？不可能会吵架，非常奇怪啊，怎么会这样！"

很多年来，周迅对待爱情的方式一直是坚持和忍耐，如今她想明白了，她说："鞋子小就是小了，你疼嘛，你干吗非要穿这双疼的鞋呢？以前就是疼我也得穿，磨出泡也穿，现在不会去穿了。"

就像当下的爱情，周迅想了想说，她不再那么看重才华，而是更在意善良与诚实。拍雨戏的日子，Archie 总会拿一条干爽的大浴巾等在摄像机后面，一听到"cut"就快步上前把周迅像裹小猫一样包起来，周迅也会很配合地蹭一蹭，甩甩发梢的水珠。周迅说："才华还是比较在情感之外的东西，你再有才，再有钱，再怎么样，两个人不是一个路子的，就不是一个路子的。"

"什么叫不是一个路子的？"《人物》记者问。

"就是你们两个不能互相安慰。"

我不知道它是一把刀啊

高晓松曾给周迅讲过古代歌妓的故事，柳如是、董小宛一个个怎么成为当代传奇才女，活得怎么热烈。周迅听得十分起劲儿，希望高晓松写个剧本给她演。讲到最后，高晓松说老天对每个女人都公平。要么就年轻时候炽烈燃烧，就像柳如是、董小宛，结局就不好；要么就平平淡淡找个丈夫，儿孙满堂，死了还能同穴。

说完他扭头一看，周迅哭了。

周迅既要炽烈又要长久，她说："我不能想象我跟你恋爱，然后我只是你人生中的百分之七十。"又说，"我的爱情信念就是天长地久。"

"有人非常幸运，第一次恋爱就碰到她的丈夫，可是我的生命际遇不是这样的"。

周迅说："你不能逃避，你要面对它然后解决它。"

编剧史航说，周迅让他想起一个名叫《塞万提斯的未婚妻》的故事。故事里的小姐想嫁给《堂吉诃德》的作者塞万提斯，但塞万提斯已经去世100年了，她要的爱情多么不切实际，她又如此高调，在小城里成为笑柄。

但慢慢地她不是个玩笑了，因为她已经30岁了，慢慢地她又35岁了，她一点一点老了。

每天黄昏的时候，小姐出来散步，只有一个老女仆陪她。夜深了该回去时，老女仆的责任就是跟小姐说一句话，她会说："回去吧！小姐，不要担心还有明天，因为你有一张未婚妻的脸。"

史航说："周迅也给人这种感觉，就是——小姐，你有一张未婚妻的脸。不是说你这辈子没人要你才叫未婚妻的脸，是因为周迅永远是抱有期待的，期待明天，仿佛明天对她全无恶意。"

曾宇表达过类似的感觉，他说："其实是周迅所有的不好造就了她所有的好。她对外界不设防，有什么都直接说，缺陷袒露无遗，外界会觉得应该去保护你，反而不会吸引伤害。"

周迅喜欢陈辉虹不久前给她起的小名"阿勇"，她说："阿勇阿勇，就是勇往直前，无所畏惧。"

史航用"刀口舔蜜"的典故来比喻周迅的勇敢：刀口有蜜，你一舔,别人会想我舌头被拉成两半,而她这么想,哎,真的甜耶!

周迅摇摇头,想都没想地说:"我不知道它是一把刀啊。"

李娜：生活大满贯

○
○
○

文 | 李斐然　编辑 | 张跃

李娜用大满贯证明了自己是一个优秀的运动员。但退役后，人生下半场开始，她遇到了生活给她的一个个意外，遭受到了梦想的挫折。现在没有黑白分明的输赢，但是，李娜想要活出一个生活里冠军的模样。

重新上场

冠军奖杯不见了。

消失的是李娜的澳网大满贯奖杯,这是有史以来亚洲人获得的第一个澳网冠军。最后一次见到这个代表中国网球最高水平的荣誉象征,是拿完冠军第二天,李娜把奖杯塞进箱子,准备离开澳大利亚,回国过春节。

李娜并没注意到这件事。在北京的家里,她忙着在房间各处搜罗其他东西:婴儿奶瓶、白衬衣、辅食米粉、女儿的头绳、儿子的围兜、自己出席活动的高跟鞋……并把它们都装进妈咪包里。她要赶去今年的第一场新闻发布会——也是她退役生完第二个孩子后的第一次公开活动。

直到抵达发布会现场,这位冠军才意识到,对她至关重要的宝贝没了踪迹的一天,婴儿尿布也不知道到哪儿去了……

李娜又要回到聚光灯下了,上一次这么大阵势,还是近 3 年前她的退役仪式。在中国网球中心钻石球场,那是个被定义为"李娜时刻"的夜晚。那天的球场看上去就像古罗马的斗兽场,"观众的喊叫声如同龙卷风一般从头顶呼啸而过,在呼唤战无不胜的女王"。

同为大满贯冠军的名将科维托娃为李娜的退役仪式致辞，科维托娃哽咽着说："我们会想念你的，Champion（冠军）。"

李娜也哭了，这个称呼是她们之间的小秘密，两人各自拿下大满贯冠军后约定，以后见面不叫名字，就叫Champion。"估计以后，她再也不会叫别人Champion，也不会听到别人叫她Champion"。只是，这些都已经是上一个李娜的故事了。没有人再冲她叫"Champion"，她现在是化妆间里的"娜姐"。

造型师还记得那个晒得黝黑的法网冠军李娜，只有男士粉底才能盖住她的肤色，膝盖的伤口贴着黑色胶带，像是某种有个性的文身。不过现在，手掌上练球的茧没了，膝盖上的"纹身"消失了，粉底也换成了浅色系的。对着镜子，她笑了："我终于能不用男人的粉底了。"

过去坐在场下为她冲运动饮品的丈夫姜山，现在在休息室中央，给女儿冲米糊。和他坐在一块儿的经纪人跟他们商量着即将开始的发布会流程，有一搭没一搭地聊着新鲜事。这一天最大新闻是，姚明当选篮协主席。朋友圈的评论挺热闹，说这是世界级运动员带来变革的好机会，退役后最好出路之一……

不过，李娜顾不上听这些消息，她正忙于一场化妆间和育儿室的往返跑，刚画好眼妆，听到弟弟饿哭了要喂奶，赶紧过去把他哄睡，再一路小跑回化妆间，中途逗一下吃米糊的女儿，继续回去吹头发。

冠军、奖杯、大满贯、职业运动生活，都已经是遥远的词汇了。告别这一切不容易，但这是李娜的决定。就在一个跟现在类似的活动后台，李娜告诉她最后一任教练卡洛斯·罗德里格斯，她想退役。

作为教练，卡洛斯的回答一如既往地明确："如果这是你真心想要得到的，那就不要犹豫，就去做吧！"他告诉李娜："在赛场上，你的工作已经完成了。祝贺你，你得到了自己想要的东西，做得不错！接下来，你该用另一种方式继续生活了。"

那将是另一场比赛。这正是卡洛斯一直以来传递给李娜的核心信息：冠军是一个短暂概念，它只意味着能够享受欢呼的那个决赛夜晚。第二天早上睡醒觉起来，一切都将归零，因为新的比赛即将开始。

而现在，李娜的新工作就在门外——她和运动品牌合作服装的新闻发布会。走出休息室的最后一刻，她冲着镜子看了看，妆容OK，发型OK，只是捏捏自己刚出月子的肚子，皱了眉头："过去是六块腹肌啊……"

坐满记者和摄影师的发布厅，迎来了一个明星。再次上场，李娜还是李娜，李娜OK，团队OK，渴望胜利的决心也OK。

无法阻挡的意外

发布会中途，李娜同两个中国台湾模特和美国设计师一起做了一个访谈，主题是对时尚、潮流、设计的看法。

"对不起打断一下,我得去喂奶了。"聊了20分钟,李娜起身告辞,年轻模特们有些惊讶,她指了指楼上的休息室:"I have a baby."

孩子是一个巨大的意外。刚退役时,李娜设想的生活并不是这个样子。

作为亚洲唯一一位获得过大满贯冠军的职业网球运动员,李娜在中国甚至整个亚太地区的影响力令她依旧具备巨大的商业价值,她的经纪公司IMG将继续帮她打理退役后的各种事物,这是一家在世界职业体育界数一数二的机构,旗下签有费德勒、莎拉波娃等顶级球员,他们为李娜准备的新身份是:商业女性。

退役后做计划,李娜想去读EMBA课程,以及同IMG一起创办自己的网球学校,但最重要的是,追着比赛玩一年。

这个计划并非一时兴起。每年,李娜去美国加州打比赛时都会住在棕榈泉附近。每天上午,她早起训练,姜山则留在酒店,他会坐在酒店的凉台上看日出,太阳一点点从科罗拉多沙漠上爬上来,把整个城市染成金色,对面马路上,老头开着马卡龙色的超级跑车。"那是我见过最美的日出,李娜没看到。当时坐在那儿我就想,以后不打球了,就和她一起来这儿度假。"姜山说。

后来,这个计划扩张成了一个全球方案。

网球是一项户外运动,永远追着太阳跑,在气温20多度的地方进行比赛。因此,他们打算按照每年的网球赛程,哪儿有比赛就去哪儿,美国的早春、巴黎的初夏、英国的夏天、初秋的亚洲,北半球下雪时就去温暖的中东，还有南半球的澳大利亚。

李娜打算在那些球员朋友训练的时间去睡懒觉、逛街、观光。比赛日的时候，她和姜山就买杯果汁坐在观众席里，看以前的对手满头大汗，追着网球跑来跑去。

退役仪式后，李娜去了一趟新加坡，WTA年终总决赛在那里进行，作为这项赛事的官方大使，她必须出席。结束这项工作后，全球旅行方案就将正式启动——至少本来是这么打算的。

在新加坡期间，爱吃辣的李娜抱着话梅吃了一路。她意识到了什么，拉着同行的闺蜜去药店买验孕棒："过会儿店员要是问起来，你就说是你用。"

既没结婚也没男朋友的闺蜜同意了。买回验孕棒一测，两道杠，李娜给姜山打电话说："我可能怀孕了。"姜山不相信地说："验孕棒坏了，隔几天再测一次"。几天后再测，还是两道杠，李娜去问了医生，医生乐了，说："不用测这么多次，两道杠的意思就是，你怀孕了，你要做妈妈了。"

2015年6月，李娜和姜山的女儿降生，取名Alisa，是武汉话"爱你撒"的谐音。护士将Alisa抱过来，放在李娜胸口。"这就是我的孩子。"李娜说，"当时满脑子全是这句话，现在，我是一个妈妈了。"

Alisa的哺乳期结束，李娜和朋友去吃了一顿火锅庆祝，只是没过多久，她又怀孕了。这次孕程并不顺利，焦躁回来了，就像是回到了打网球时的低潮期，感觉整个世界都在跟自己作对：女儿走哪儿都黏着她，只让妈妈抱；一直想办的网球学校毫无头绪，所有细节迟迟定不下来；姜山还是我行我素，不懂得体贴；加上第二次怀孕的妊娠反应特别强烈，闻到牙膏味儿都想吐，还常出血，只能每天躺着……

跟人聊起这段日子，李娜称其为"与社会脱节"。

那段时间，闺密刘凌每次打开手机，都会收到来自李娜的满屏吐槽，就像是刚被轰炸机突袭过一样，吐槽的内容基本都是她此前几乎没有面对过的生活琐事——姜山把刚收拾好的屋子弄乱了！姜山不拖地！姜山没洗奶瓶就去健身了！

"以前他们那根本不叫家，就是组建了一个团队，李娜只要打球就行了，他俩聊的多半也是工作、网球。现在他们属于定居状态，才算是真正组建家庭，姜山要变成父亲、丈夫，李娜也要蛮多转变。但她对这样的家庭生活其实一无所知，需要一个过程去适应，啊，原来生活是这样的，原来跟人相处是这样的。"刘凌说。

2016年12月，李娜的儿子Sapajou降生，寓意聪明的卷尾猴。姜山的计划是，第一个孩子叫Alisa，第二个孩子叫Sapajou，下一个孩子是女儿就叫Johana，男孩就是Johans，以此类推，这个首尾接字游戏能一直玩下去。

生第二个孩子时，姜山站在产床边握着李娜的手，明确表达了自己的想法："我们再生一个吧！"

这一次，李娜没有接受他的意见。

"去死吧！"拼力生产中的李娜说，"你要是能有老三，肯定不是出自我这儿！"

自由选择

2017年新工作第一天，日子有点不好过。

"费德勒传记电影就要上映了，请问您的传记电影什么时候上映？"

"网球学校进展怎么样？"

从记者们连珠炮似的提问中回到休息室，李娜没顾上眼巴巴瞅着她等待吃奶的婴儿，直奔经纪人："我刚刚回答问题是不是不如过去流利了？"

这不是她想象中回归公众视野的模样。电影没拍，网球学校也只在计划中。关于电影，李娜是相对被动的那一方，她只是被诠释的原型人物，负责提供故事，至于创作，则属于导演陈可辛的控制范畴。但网球学校完全不同，早在退役之前，这个计划就已经被多次提及，退役当年，有媒体将李娜对于未来的计划总结为：网球学校、孩子，都会有的。

4年过去了，孩子有了，接下来该轮到网球学校了。

对于自己要办一个什么样的网球学校，李娜一直有一个明确的方向。4年前的退役发布会上,她将这个方向概括为:"不只是教网球,还要提供教育,要让孩子们在打网球的同时完成学业。"

4年后,这个蓝图渐渐清晰,这是一所以网球为主题的学校,在这里,核心关键词不是网球,而是学校。每天上午是高质量的文化课,下午是训练时间,而学校并不只为孩子们提供网球一种可能性。6岁的小朋友来了,每个下午都是运动嘉年华,周一学网球、周二打篮球、周三练足球、周四学体操、周五去游泳,具体想学什么,可以等升入高年级之后自己选。而对于学打网球的孩子,到一定年纪后,是继续打网球还是去读书,也全部自己决定。

"进入体育这个圈子,不管是100人还是1000人,最后只有一个冠军。我们这样的网球学校,不是为了解决1%,而是为了99%不能拿到冠军的人。"姜山说。李娜的目标不是"培养下一个李娜",而是让网球变成一种经历,帮助无法成为冠军的人找到出路。

李娜对于网球学校的构想某种程度上也可以被看作是个人诉求的表达,她想带给人们的是另一样东西:自由选择。

这是李娜自己在整个青少年时期从未得到过的东西。4岁那年,因为有点胖,父亲每天天不亮就带着她出门跑步,跑过街边的烧卖摊时,她觉得自己也很像一只烧卖,"满头满脸的汗,红彤彤的头脸上冒着热气"。一年后,她被送去羽毛球业余体校,因为手腕太硬,几乎没有上过场,每天都是自己在场边练习挥拍。8岁那年,业余体校的网球教练看中了她,于是,她又被送去学网球,住进了体校的集体宿舍。

那时,每天晚上10点是李娜的难关。来宿舍为她辅导功课、洗衣服的妈妈将在这个时间离开，她知道自己没有选择让妈妈留下来的权利，只能闭上眼睛装睡，等妈妈走后再躲在被子里哭，她告诉自己"我已经8岁了，我是大孩子了"，而这种方式则是"唯一体面的告别方式"。

11岁时，李娜进入湖北省队的集训队，师从前亚洲冠军余丽桥。在那里，她没有犯错的权利，如果一件事被说了两三次以后还改正不了，教练就会发火。如果一个动作连续失误，就会在"滚滚滚"的斥责声中被推下场。没有表达情绪的权利，如果哭，教练会说："哭什么，还好意思哭？"如果不哭，教练又会说："你到底有没有脑子，这么说你都没感觉。"

最后，甚至连告别的权利都没有。李娜在深圳打完青少年比赛回武汉，来接站的是叔叔，叔叔先领她去吃了早饭，然后把她带去爷爷奶奶家，在爷爷家楼下，她看到了写着爸爸名字的花圈。那一年，李娜14岁。

爸爸去世后的很长一段时间，"我没有为自己活过一天"。李娜说，因为"好好打网球、拿全国冠军"不仅是父亲留下的遗志，也是帮母亲赚钱还债的途径。她形容那时的自己"倔强、忧郁、坚硬得像块石头"，在自传《独自上场》中，李娜如此写道："在后来的若干年中，我曾多次怀疑自己是否该踏上网球这条路，但当时的我没有选择的余地……我不知道为什么要坚持，我坚持的唯一原因是大家都认为我应该坚持下去。"

许多年后，儿时的网球场还会出现在李娜的噩梦里。站在网球场的底线上，网球会突然从四面八方呼啸飞来，有时狠狠打在身上，有时一下子飞向接不到的落点，她唯一能做的事情就是对抗，不停地挥拍，一个个打回去。

输的权利

2012年，阿根廷人卡洛斯·罗德里格斯见到李娜，"整个房间充斥着对抗"，李娜不跟任何人说话，和姜山冷战，和经纪人冷战，和体能师冷战，仿佛屋里坐的都是她的敌人。

卡洛斯成为李娜职业网球生涯的最后一任教练。在此之前，他是比利时名将海宁的教练，帮助海宁7夺大满贯冠军并曾连续117周世界排名第一。

初见卡洛斯的李娜正处于低潮期，竞技状态低迷，温网第二轮出局，伦敦奥运会首轮出局，比结果更糟糕的是有人再次将奥运成绩与爱国与否联系在了一起，指责李娜不重视奥运会，未尽全力。

合作初期，卡洛斯总想找机会跟李娜"坐下来聊聊"。李娜有些抗拒，"瞎聊什么？"卡洛斯让她列出自己的5个优点，李娜想了半天，一个也列不出来，卡洛斯不敢相信，一位法网冠军居然不知道自己有什么优点。

两人合作的第一项比赛是2012年8月的美国辛辛那提公开赛。比赛前，卡洛斯利用中午时间和李娜聊了聊，他告诉李娜，网球并不是一个你发挥得好就可以赢球的比赛,因为对手有可能比你发挥得更好。李娜说自己听到这一席话的感受是"振聋发聩",她第一次明白自己并不是非赢不可,"我也拥有输的权利"。

那次比赛,李娜顺利闯入决赛。决赛的开局,她打得并不顺利,很快便丢掉一局,心烦意乱时,她申请暂停,让卡洛斯进场指导。

面对李娜,卡洛斯一句话都没说。她急了,问:"我该怎么办?"

一贯严厉的卡洛斯突然轻松起来:"嘿,你今天过得怎么样呀?"

他记得,当时李娜一脸"你在说什么"的惊讶。"改变并不是找个人站在赛场边,就能自动出现的。告诉我,你真实的感觉是什么?你拒绝跟人好好沟通,结果就是没有人知道你的状况,连你自己都不了解自己。"他说,"网球就是关于抉择的运动,这是你的比赛,你要自己掌握局势,做出正确的决定。"

卡洛斯告诉她,取胜方法很简单:反复拷问自己,你想要什么?明确这个目标,行动起来!不用犹豫,哪怕走点弯路。赢了就享受快乐,输了就承担责任,就这么简单。重要的是,不能逃避。

卡洛斯离场后,李娜反败为胜,赢得了冠军,那是她自法网夺冠15个月后的第一个冠军。

"非常出色的心理学家"。这是李娜的经纪人麦克斯·埃森巴德对卡洛斯的评价。在陪李娜训练的时候,卡洛斯的包里总会带着一本心理学的书。

对中国不甚了解的卡洛斯开始理解李娜,她在整个青少年时期几乎从未得到一句肯定的评价，所以她总会在不如意的时刻无休止地苛求自己。而这种苛求导致的结果就是——崩盘。至今在搜索引擎中输入"李娜"和"崩盘"二词，结果依然多达53万多条：下雨会让她崩盘，一个小小的失误会让她崩盘，即便是大比分领先随时可以获得胜利的时候，她也会崩盘。

卡洛斯给了李娜一个建议，让她回到武汉，去找青少年时期的教练谈一谈。回去并不是要跟过去争辩，而是去尝试面对这段经历，迈出第一步，"让30岁的李娜跟15岁的李娜和解"。

想了一夜以后，李娜答应了。她飞回了武汉，和余丽桥教练心平气和地谈了15分钟。她并没有告诉卡洛斯她们具体聊了什么，但回来以后，再次见到训练场上的李娜，卡洛斯非常肯定——她一定能再赢一个大满贯。

2014年1月25日，李娜在澳大利亚墨尔本的罗德·拉沃尔球场捧起了澳网冠军奖杯，在自己最喜欢的比赛中拿到了人生的第二个大满贯，李娜几乎是第一次相信自己可以成为世界第一。赛后，当面对记者"你会拿到另一个第一吗？"的问题时，她笑着答："为什么不呢？"

可是，意外出现了。当年3月的一场比赛后，李娜发现自己的左膝肿了，此前，她的右膝做过3次手术。在最信心十足的时候遭遇伤病，这是个糟糕的征兆。她咬着牙打完了罗马和马德里两站赛事。随后重回巴黎参加法网——她第一次夺得大满贯冠军的地方。但这一次，她一场未胜，首轮出局。

赛后新闻发布会，李娜坦言："是我自己输掉了比赛。今天的表现和网球无关,有太多其他事情在周围。"

"什么事情?"

"可能是任何事情。"李娜回答。

卡洛斯也很沮丧:"她不知道自己在哪里。"

随后的温网,李娜的状态并没有起色。时隔3年再回想起那个时刻,李娜说自己当时的心情是"灰心和怀疑的",因为伤势的恢复远远不如自己的预期。她在第三轮输给了排名远逊于自己的选手。当天晚上,卡洛斯告诉了李娜自己的决定:"我们说了我要和她结束合作这件事,她没有准备,甚至哭了,那真的很难。"

随后,李娜接连退出了几站比赛,去德国做了左膝手术。2014年9月19日上午10点57分,她用一封写了21个感谢的告别信宣布正式退役。

就像她的教练卡洛斯说的那样,接下来,李娜该用另一种方式继续生活了。

胜利的逻辑

李娜退役后,一位美国《体育画报》的记者曾说:"中国网球肯定会经历阵痛期。想要在日后的国际网坛看到更多中国球员的身影,要踏踏实实从青训抓起。"

彭帅的教练马伟开在接受采访时曾将网球学校定义为一种普及式教育,"当选手到达一定程度,是需要进行一对一的高水平培养的,而网球学校需要起到的作用并不是培养下一个李娜,而是要让更多的孩子走近网球,对网球有自己的认识"。曾执教过美国大学网球队的他未来也计划开办自己的网球学校。

让中国拥有更多喜欢并学习网球的孩子,而不是专注于打造出一两个李娜——这似乎已经成为业内共识。近几年,越来越多拿过大满贯的国际球星选择在中国开办网校,如来自西班牙的费雷罗、来自德国的贝克尔,中国本土的网球学校也越来越多地打出了"网球+教育""让孩子们有更多选择"的牌子,这让迟迟尚未启动的"李娜网球学校"正面临着一大危机——风口可能会随时错过。

但李娜依旧坚持,要把所有事情都想清楚后再行动,"我们的想法是,在一开始之前,把所有困难都解决了。不想先开起来,遇到困难再解决,我觉得那是不负责任"。

过去的将近20年,她一直在做不被别人看好的事。1998年,16岁的李娜接受电视台采访,她说,她的目标是打入世界前十;2008年,李娜决定从国家队"单飞",放弃大多数运动员享有的福利,自主参赛,自负盈亏。这时候她已经26岁,是一个外界看来随时会退役的年纪;2012年,卡洛斯成为李娜的教练,给30岁的她制定的目标是,进入世界前三,再拿一个大满贯。

这些别人眼中的"你做不到"——被李娜变成了"我做到了"。她也因此而形成了一套自己的胜利逻辑。

"你认为李娜之所以能够做到这些、成就李娜的原因是什么？"

"单纯。"

"你要说她为什么能走到这一步，用消极一点的说法，就是傻吧！"姜山说，"有些人太聪明了，他们不会相信这个，但李娜傻，她信了，她会这样做。她不觉得有别的办法，就愿意一直重复、一直重复，把事情做到底。"

在李娜的概念里，生活跟网球一样，只有黑与白。学生时代，她喜欢数学，因为，在数学的世界里，一切事物都有固定的运转规律，这和网球很相似，一切都是标准答案，正确或者胜利，不存在其他的可能。她讨厌语文，排斥在作文的结尾升华到"多么有意义的一天"，每当写下这行字，"我都觉得自己像个骗子"。

在网球比赛里，平均每30秒就会决出一分。网球如同一架最高时速超过200公里的小小轰炸机，在196平方米的球场来回进攻。球员必须尽快决策，前进还是后退。在李娜15年的职业生涯里，她赢过503次，也输了188次。

在输输赢赢之间，这个单纯的法则反复自我印证——任何弯弯绕绕都没有意义。进攻的球只会沿着直线飞过来，只有打中才能赢。

刘凌从小跟李娜一块儿学网球，她太熟悉这个李娜了：跟她打球，要是打出的直线不是自己想要的，就算接下来连输好几分，她也要继续打，一直打到自己满意为止。

对李娜来说，赢还不够，"她只按照她认同的方式赢"。

2014年,李娜第九次参加澳网。打第三轮比赛这一天,几乎集齐了所有失败的可能:痛经、疲惫、对手赛点、球鞋脱胶、高温46度、时长两小时……她已经不记得那天的球是怎么打的,只记得中午1点的太阳打在胳膊上,像是在着火,她不停挥拍,一次次把球打回去。直到下场拧开龙头冲到冷水,李娜才回过神来,她赢了。

这给了她延续至今的底气,"这都能赢下来,还有什么办不到的?"

但郭涛并不认为李娜办得到。

郭涛经营了一家叫作超达的网球学校,这已经是第19年了。在他看来,经营网球学校是件难事,一所好的网球学校校长得是"全方位的天才"。懂训练是必须的,要有对网球的理解,但同时也得懂经营、懂营销、懂"社会学","上边应酬,下边跟员工沟通,人没有'社会学'是很难生存的"。

即便知晓人心如卡洛斯,也会被这种所谓的"社会学"困扰。在成为李娜的教练时,他已经在一所名叫"匠心之轮"的网球学校担任校长。"我见到了很多有天赋的孩子,聪明、勤奋、有上进心。我想要帮助他们,但一想起来他们的家长,我的心情真的是——炒掉每一个人!不干了!"

说到这里,这个平时说话慢条斯理的阿根廷男人有点压不住火,"我想告诉这些家长,不用找我吃饭,也不用邀请我去旅行。我期待你们的女儿在职业领域有所进展,但这并不意味着我们是朋友。我们只是一起工作。我并不需要成为你们的朋友,才能帮助你们的女儿。但我也意识到,在这样的环境里,人人似乎都要成为朋友,才能做事"。

改变的勇气

李娜显然不是通晓"社会学"的人。

在谈判桌上,她是一个过于坦诚的生意人。一开场谈合同,她就将项目弱点和盘托出:开网校的话,你10年、20年都回不了本的。

冷水还在泼过来:你如果想培养冠军,在我这儿是没戏的。

暴击并没有结束:我是不会妥协的。

只要是李娜决定的直线,很少有人能够改变,不管那背后有多大的利益牵扯。在她决定退役的那个星期,经纪公司连夜给她列了个统计表。上面的内容是:如果现在退役,你将蒙受的经济损失如下……汇总行里面不是一个小数目,不少商业合同收益直接减半甚至立刻结束。但经纪人大概在一天内就收到了回复。

"我知道了。"她的决定毫无变化,"我要退役。"

退役即将满3年了,网球学校的合作桌对面还是空着。慕名而来想要合作的人也曾陆续出现,"他们刚开始的时候都是兴致勃勃,可是越往下谈,越会觉得分歧还是挺大的。"李娜说。

但现实似乎也在逐步改变着李娜。她开始公开承认"理想很丰满,现实很骨感"。"我想成为一个女商人,这是我现在最想做的事"。李娜现在几乎每次出现在镜头前都会这样说。她到长江商学院入学,学习资源管理,跟闺蜜刘凌说:"虽然不一定能融入这个圈,混得如鱼得水,但感受一下也挺好的,去试试,吸收一下不同的东西。"

"很多人觉得,运动员退役了不就只能当教练吗!这是唯一的出路。"李娜说,"我想让大家知道,也是给更多运动员传递讯息,不是安上'运动员'这个标签后,就不可以做其他事情了。我们也可以多元化。"

现在,连她家的育儿嫂都知道,家里住着一个要干一番事业的妈妈。她们第一次见到奔波在两个孩子之间,这边喂奶那边哄睡的那个妈妈,坚持在每个间隙时间拿出手机,学习英语单词。

但原则上,有商业头脑的人都会明白,维系李娜想要的网球学校很难,让李娜成为商人也很难。至少到目前为止,她不懂得利用杠杆,也对利益最大化不感兴趣。到长江商学院面试的时候,听到"李娜的公司会上市吗"这个问题,李娜的答案是不假思索的"不",因为她不喜欢股票,不相信一本万利的生意。

和讲究拓展人脉的商圈不一样,李娜一直习惯生活在自我封闭的朋友圈里。好朋友石玲说,成年后的李娜很少结交新朋友。能在李娜家看到的人,大部分都是她15岁以前认识的老朋友,其中玩得好的也多半是搞体育的,直来直去。

和媒体的交锋几乎贯穿着李娜的整个职业生涯。直到卡洛斯出现,这种状况才有所好转。"你是一个优秀的运动员,在大满贯赛上的表现就足以证明这件事，毋庸置疑。但这还不是一个伟大的运动员。"卡洛斯告诉她，"网球冠军不只存在赛场上，在生活里，你也要活得像个冠军。不管是做女儿、母亲、妻子、朋友，你都要尽可能做好这份工作。"

如今，李娜努力"活得像个冠军"，除了在被媒体评价变胖时会有些微词，"我胖怎么了，又没吃你家一粒米"。现在的李娜甚至会对媒体更热一些，出入摄影棚工作时，她会热情地招呼在场的工作人员，称呼大家都是"自家人"，"对我好一点啊，自家人"。

只是拍摄结束后，李娜又回到了平时的自己——还是不习惯跟陌生人寒暄，一个人躲在角落不说话。

至少，这个商界新人还有一个坚定的支持者——卡洛斯。

他说，李娜退役后，几乎世界排名最靠前的所有人都来找过他，请他执教，全部都被他婉拒了。"我听过人们对我说着无数天花乱坠的计划，他们都说要带来改变。但是真正有决心改变、愿意拼尽全力的人，我所认识的只有两个，一个是海宁，另一个就是李娜"。

卡洛斯告诉李娜："如果中国有一个人能做网球学校，那只可能是你，因为只有你曾经见到顶峰，知道什么是真正的冠军。'你的存在就是这件事情的最大意义'。"

卡洛斯对这位网球冠军的建议只有一条：你要在现场。并不一定要做得多么惊天动地。每天早上礼貌地跟每一个人说早安，不论是小球员还是清洁工，让他们感受到你的尊重和关心。就像过去的每一个训练日那样，早起早睡，从不熬夜，就算不在赛季内也不松懈自我管理。把网球在你身上养成的好品质——诚实、坚持、尊重、努力、大度、纯粹……全都活出来。让别人在你身上感受到一个伟大运动员的真实模样，"活在这里，影响他们"。

"你就是最好的教材。"这就是前教练的留言，"活给他们看，让他们知道，这就是一个网球冠军的活法。"

只有你能创造的意义

关于冠军的所有过往都被李娜打包寄回了武汉老家。她和姜山偶尔回去收拾旧房子。在一个被杂物塞得满满当当的旧柜子里，李娜从一堆过期杂志和书的掩埋中，翻出来一个氧化发黑的银质奖杯。

"这是什么鬼？"李娜嫌弃它难看，"黑不啦叽的，扔了吧。"

姜山被这个提议惊呆了："扔了？你知道这是什么吗？"

在黯淡发黑的奖杯底座，用法语刻着：法国网球公开赛冠军，女子单打，苏珊·朗格拉杯。

在武汉老家某个角落，理论上应该还躺着另一个大满贯奖杯。它从澳大利亚带回国以后就一直待在打包纸箱里，运气不好的话，"估计有百分之五十的可能也氧化变黑了"。

没人知道它在哪儿，连冠军本人都"懒得知道"。李娜是个连家庭合影都没有的人。"都是过去式的东西了,还拿出来干吗呢?"李娜说,"你现在过的是现在的生活。"

坐在没有任何网球痕迹的家里,李娜说,现在她已经很少想起打网球的日子了。最近一次出门打球,还是因为怀孕期间闷得无聊,可只打了40分钟,曾经早已习惯老茧的手掌居然磨出了新血泡。

就像适应身体上的这些变化一样,李娜也对亲人有了不同的感受。

父亲去世后,母亲又组建了家庭,为了避免尴尬,李娜干脆不回家。她尽可能避免回国,直接逃走,飞到满世界打比赛。刘凌有时候笑话她,活得像个自我流放的游牧民族,把比赛日程排得满满当当,几乎不给自己留网球以外的时间。那时候,李娜基本上一年只回国4次,回家就像做客一样,拉着闺密一起,吃了饭就走。

生女儿的时候,李娜经历了产后大出血,那一刻,她想到了同样产后大出血的母亲。她终于理解了母亲。她回到武汉老家,跟母亲深谈了一次:你的生活里经历很多,完全没有时间过自己的生活。现在去做些自己真正想做的事情吧,不用为我担心,能够让你自由选自己的活法,这就是我的尽孝。

她和姜山也商量,以后女儿和儿子想做什么,都可以自由选,只要自己活得开心,这就够了。

"职业生涯最后两年,我觉得网球越来越有魅力了。其他运动项目可能一年只有两次比赛,不管是成功还是失败,都只能感受两次。但网球几乎每个星期都有比赛,我觉得我赚得最多的东西不是奖杯，而是输输赢赢之间的经历。如果人们以后问我，我这辈子赚得最多的东西是什么？我就告诉他，是经历。"李娜说。

告别职业运动生涯的时候，李娜跟卡洛斯聊了一次。现在，她很乐于跟他聊天，谈谈网球、退役、未来生活，还有网球学校。

"过去你的生活里只有网球，尽管很多关系支离破碎，至少还有网球。它能够维持你和生活之间的平衡。但有一天，网球没有了，这种平衡就会消失，那就是大麻烦了。所以，你得想办法，创造些新东西。"卡洛斯告诉她，"记住，重要的是每件事背后的人。同样是网球，不同球员却能赋予它不同的生命。你也要寻找它，一些只有你能创造的意义。"

李娜正在试着创造这种意义。

她的经纪人接到了明确指示，2017年9月份之前，网球学校必须要有实质性进展，确定可行的合作方。

退役后，李娜很少再做关于网球的噩梦，唯一一次是梦到比赛回来丢了孩子，瞬间惊醒。她现在已经创造出了"新东西"，对她而言，家庭和孩子是永远排在第一位的，网球学校也很重要，但"没有家庭和孩子重要"。

这种平衡是她在职业生涯中一直寻找的，最后，生活回馈了她。"生活最差就是现在这样啊，孩子也没长大，网校也没有开成，反正怎么过，都会比现在好。"

还记得捧起那个无数人梦寐以求的大满贯奖杯，究竟是什么感觉吗？

"其实跟抱孩子差不多,抱着挺开心,抱久了手会酸,又担心怕摔了。"李娜说,"不同的是,奖杯特别坚硬,但孩子非常柔软。"

海清："不惑"

○
○
○

文 | 巴芮

在这几年的这种矛盾中，我也找到了一个对自己的认知——哦，我演戏不是为了证明我能，是因为我喜欢，我喜欢和我能之间是不一样的。

海清女士 40 岁了。

在这个"不惑"的年纪，她也的确想明白了一些事儿。在过去的很长一段时间里，她被"国民媳妇"这个标签困住，总是想证明自己还有空间和另一面。宣传团队也一直在控制关于"国民媳妇"的舆论传播，每次媒体采访都要叮嘱记者可不可以不要再提这个称呼，"太老了"。但较了几年劲，海清也想明白了"你叫我钢筋混凝土演员也行，你叫我什么都不重要了，最重要的就是我自己想成为一个什么样的演员"。

海清一直没想成为一个"漂亮"的演员。上大学时，她是出了名的不在意形象，"也没想着要捯饬自己。同样的精力，我会选择看片，找一帮人喝着啤酒聊戏，让我去买衣服，我就觉得浪费时间了"。《双面胶》定角色前，导演滕华涛说就要个能吵、能记、长得不太漂亮的女演员，海清觉得跟自己很符合，"他说不要特别漂亮的，我见他都不敢化妆"。她还是少见的不用反光板的女演员，"我有板子不会演戏，老叫他们撤走，因为那个是我表演的障碍"。

曾经因为没钱买房子、没法把孩子接过来同住，海清"高速运转"了一段时间，但在那之后，她一直让自己尽量保持低产，电影《红海行动》上映前半年，海清在媒体上曝光的动态信息屈指可数。一档演员真人秀让"演技"成了全民谈论的热点，海清看了节目，很佩服敢去参加的演员，但表示这并不适合自己，因为"速度太快了"。

科班出身的海清信奉斯坦尼斯拉夫斯基的体验派表演方式，说自己比较老派。她喜欢去观察别人，到法院去听案子，看诉讼方和被告方他们现场的反应、律师的陈述、法官的判断等。"因为表演就是人演人,所以你最后了解的是人。"

尽管不惑,但海清也有自己说不清的命题。在2017年春节期间口碑和票房逆袭的电影《红海行动》中,海清再一次扮演了一位记者,但她以演员的身份面对记者时,她却有一个永远也答不出来的问题——你在片场有什么值得讲述的有意义的故事?你是怎么塑造角色的?"这对我来说太难了,我不知道怎么解答这个问题,这个问题是我的死穴,我就这么塑造。"

以下是海清的口述:

国民媳妇

我正好赶上了家庭伦理戏当道的那段时间。第一部家庭理论戏应该是《新结婚时代》,从刘若英和郭晓冬演的这部戏开始,到《金婚》《媳妇的美好时代》《双面胶》《蜗居》……一系列的这种戏就突然出现了,市场的需求特别高。就算我不接,别人也会接,我不是"国民媳妇",王清、张清也会成为"国民媳妇"。

我当时拿《双面胶》这个角色的时候,充满了波折。黄老师(黄磊)推荐的我,但我等了很久没有消息,我就给黄老师打电话了。我说:"黄老师,怎么说啊,到底还用不用我呀?"黄老师说:"现在卡在电视台,觉着你没有收视保证,有点担心,除非把成本降下来。"

我很忐忑，黄老师说："你这样吧，因为真不能保证最后用，如果有好戏你就上别的戏吧。"我当时真有好戏，但是没有像《双面胶》这样让我一见钟情的。我看到它的第一段描写，我到现在都记得，"胡丽娟，一笑，咧着牙龈，一嘴四环素牙"，我就觉得那是我啊。

我从那年8月份等到12月份，中间不敢拍别的戏，哪怕一个短活儿，20天、半个月我都不敢接，我害怕万一我这边一接，人家那边不用我了，那我会后悔死的，我真是破釜沉舟，直到它开机。他要用我，我一定好好演，他要不用我，那我也尽力了，我到时候不会怪自己没有给自己机会。

煎熬到11月份，滕华涛说要见我，我都不知道该在他面前怎么表现了，我说："妈呀，我可不能搞砸了。"当时恨不得见他一面就把胡丽娟从头到尾的戏都演一遍。结果他见完我有点不满意，说我有点胖，不太像小白领。我回去就减肥，还好，导演没有变心。

其实，婆媳的戏我就接了《双面胶》和《媳妇的美好时代》，它的传播力度太广，真不赖我。我每一个戏的角色职业属性都非常强，《媳妇的美好时代》是一个护士，《双面胶》是一个杂志社的编辑，《王贵与安娜》是工厂的工人，《蜗居》是办公室里，中下层的一个蓝领，但是观众可能需要一个更好识别的点，就用了一个"国民媳妇"。

我有一次进公司，好多剪报上面写着"国民媳妇"，我第一眼看的时候没觉着是我，我仔细看了后说："哎，是我吗？我是国民媳妇？""啊，对啊，说这个词儿很时髦的，韩国那边用，好几家都这么叫。"我觉得这个当时应该不是营销，团队还没这么有远见。最早叫我"媳妇儿专业户"，好像一夜之间大家都在叫国民，是什么国民婆婆、国民大叔。

我真的是第一个被叫"国民"的人，当时很开心啊，我说："呀，这个称号很好哎，好酷啊。"时间长了以后，就觉得"哎呀，怎么又是这个，我不是啊"。人总是想证明自己还有空间和另一面，就是这个欲望让我跟"国民媳妇"相冲突。

后来拍《蜗居》时，我其实不太想演，但滕华涛说："如果能找着别人，一定不找你，我知道你不喜欢，但是这个戏需要郭海萍撑住阵脚，否则全部就倒了。"我就怕这么说，一说我血都凝固了，好，就这样吧。这戏这么火，真是没有想到。

我以前会在乎别人喜不喜欢，因为你演戏不仅仅是为自己，总得跟观众有共鸣、有交流，但是后来我就觉得喜欢、好、坏、赞美对于我来说是浅层意义上的东西。一切的问题不在于外界给你什么样的称呼，最重要的是我自己想成为一个什么样的演员。

如果没有赞美，没有好坏、掌声与唾沫，你还会干这个事吗？我想想，如果真的没有人看，我还演啥。在这几年的这种矛盾中，我也找到了一个对自己的认知：哦，我演戏不是为了证明我能，是因为我喜欢，我喜欢和我能之间是不一样的。

我喜欢做这个事情，我可能演不好这个角色，但它不会影响我，不会让我放弃，只会让我去寻找为什么我不能。如果这个是客观存在的，因为我的外形这些东西不能，那我就对自己有了更深的了解；如果因为我的认知力与理解力，对角色的这种洞察力、掌握力达不到，那我就去练，练到有一天我能。

近一些

大学刚毕业那段时间没有戏拍,我也焦虑过。倒不是说生存和温饱的问题,是有一种更高尚的焦虑,觉得自己在山上练了这么多武艺,怎么没有人出来让我打一两场呢?擂台在哪儿呢?特别想要找机会展现自己的本事。

那时候年轻,每次让我去试戏,都满怀热情,宇宙开始爆发,"啪"一页纸的台词就上来演了,那个肾上腺素提得太快了,很刺激啊,就这一场戏,行就行,不行就不行了。好几次真的是别人原来都定了,但是试完了以后我就拿到了,所以在拍的时候加倍珍惜。别人不太能理解,说你本身条件很好,电影学院出来的,你怎么还会这样?

我觉得那其实是一种单纯。单纯的因为戏,单纯地喜欢。现在我会把我分内的努力做到,那种要证明自己能与不能的愿望越来越低。

演员这个职业吸引我的地方在于不可复制。这部戏我演一个战地记者,我下一部戏演女法医,我没有办法把对战地记者的这套理解用在法医上面,又得重新开始。这个法医是什么样的性格,她跟人说话是温柔的吗?她切牛肉的时候是冷酷的吗?你从自己到角色的这个过程就是表演,很享受。

之前接黄磊老师的《深夜食堂》,我演一个将近60岁的大妈。我说:"黄老师,你确定吗?你让我演,我这么漂亮,为什么?"他说:"你来吧,别啰唆了,找不着别人了,你快过来帮忙。"

那个戏对我帮助非常大,我真没有想过我可以演一个阿尔茨海默病患者,因为我之前对这个病不了解。别看那戏我只拍了一个星期,出来就两集,但我做了大量的准备,什么原因,人物最初的反应,她对这个地点突然的不认知,时间的不认知,到人物关系这种不认知……其实那是耗我心血非常多的一个角色。最后呈现出来,哎呀,可以啊,对自己来说是一个最大的褒奖,很多人看完以后会说,能让他们想自己有这种病的亲人。

《红海行动》,我在接这戏的时候,只知道是演个战地记者。接这戏太快了,一个星期内就飞到了,很多案头都没有办法准备,你不知道这个女的经历了什么要这么跟恐怖组织干到底,没有钱、没有后援、没有人脉、没有枪械,我说她是一个四无人员,但几次把自己置入到险境,她都还要做这个事情,我想不通啊。

我特别敬佩两个职业,一个是军人,一个是战地记者。两种都是为了他人的生命和国家的安危置自己的生命于险境的职业。我父亲当兵,军人身上的这种使命感、责任感对我来说都有很强的吸引力。

后来,导演见了我,跟我讲了这个故事:她的丈夫和孩子在之前的伦敦恐怖袭击中丧生了。我才明白。但是,从明白到了解,到掌握还是有一个距离,她的背景,她所经历的事情,和她在这个故事里面的任务,我觉得离我真远。

我让司机带我到当地的小街小巷走走,看到一家很破旧的小旅馆,我觉得是和角色的各方面都合适的一个环境。那里面各色各样的人,做买卖的、旅游的、学生、小混……晚上听见"乒乒"闹、"啊"小孩哭;白天看见一个女的,提着大箱子,"哈哈",就从你眼前过去,骂骂咧咧的,还有两个人说话是很小声的,就觉得这是两个特务吧?我要把自己置于那样的境地,才可能离她近一些。跟来旅行的人聊天，跟背包客聊天，跟做生意的聊天，待了一个半月，我心里就踏实了。

慢

我从开始当演员接戏就比较少，那时候拍像《玉观音》，一部戏是20集，一个半月到两个月，如果高产的演员，一年至少可以拍5部戏。我那时候一年就一部到两部，因为一个戏下来，我总得休息休息吧，从精神上面到生活上面。

孕育土壤也好，吸收养分也好，但是总得有一个转换，老运转它就会有高强度地损耗，到后面就会觉得自己的阅历啊各方面都被榨干了，这不是一个好事儿。我一直秉承着慢产的宗旨，但如果这两年戏特别好，特别多的人来找我，我也会加速一些，后面我也会刻意地放一放。

当时接《媳妇的美好时代》，因为我没钱买房子。我说这是一个好剧本，但是我不想接，因为偏家庭伦理，我演了三部生活戏都没有红。制片方诱惑地说："海清，你还没买房子呢，你把这钱挣了，就去买房子。"我说也对啊，反正拍的时间也挺短的。我得把孩子接来，如果不买房，我爸妈就不让我把孩子接过来。我咬咬牙，为了房子我也得接。

从《媳妇的美好时代》以后，我突然进入到一个高速运转时期。

那段时间工作太多了，我一两个月都见不着我家孩子。整个人非常分裂，每天我都不知道明天要干什么，是拍广告还是拍杂志，要活动，还是去拍戏。这样的状态大概持续了一年多，我就急刹车，我觉得我不能这样，到 2011 年年底，我就彻底停下了，不再接新的工作，把手上工作完成。

有一年，我只接了《麻烦家族》和《深夜食堂》，《深夜食堂》那也是帮黄老师客串，因为我刚刚成立自己的工作室，这个工作上面投入的精力比较多。2017 年那年的春节刚过，我就接了《红海行动》，到 2017 年 7 月份才杀青，暑假又陪孩子过，本来下半年是要拍《小别离 2》的，但是延到 2018 年下半年。当时觉得没有特别好的剧本，我干脆就空着了。

入行的时候我就知道，起落是客观规律，有什么好担心的呢？你就在你合适的时候，珍惜你自己所碰到的角色，去好好创作，有戏的时候就好好拍戏，没有戏拍的时候就好好享受生活。

前两天，我看了一期《演员的诞生》，舞台是非常神圣的，我很佩服敢到这个舞台上的演员，这么短的时间有这么多的困难——有你对作品的不了解，对人物的不了解，整个对事件大环境的不了解……你要在这个舞台上把你最好的一面展现出来，挺难的。

我属于那种节奏比较慢的人。我以前拍《玉观音》的时候，提前 10 个月就拿到剧本了，拍《双面胶》是提前 4 个多月拿到的，我只有准备好了才会去做。现在有这样的事儿吗？现在是开机了，还没有完整剧本，大部分是这样，没有主创这么反复地推敲。

我不敢把自己放到这么短时期的一个舞台上，我也不太想在这个舞台上证明自己会演戏。我可能比较老派,我怕时间这么短,我会对自己有遗憾。我可能不在台词上准备得特别完善,但在这个人物上面我是一定要尽量解决所有的问号,把角色想得越仔细,演的时候给观众传达的信息才能越清晰。

我老觉得人生就像打升级的游戏一样,总有一个终极目标。我从7岁开始希望做演员,中间也会有游离,也会跳舞,也会生孩子,也会想过放弃,但是有一个东西一直在潜意识里面,在你做决定的时候"蹭"跳出来,就是很想知道表演到底是怎么回事。

我们经常会形容表演实际上是推开一扇门,你看到那个房间是什么样的。很多人都推开了,看到了,有的人只到门口,有的人在路上就离开了。我很想推开那扇门,用一个个角色去看,去真的明白表演是怎么回事。

辑二

PART 2

炼心

想在时代留下一点东西

笛安:主语是我,不是我们

- ○
- ○
- ○

文 | 姚璐　编辑 | 王晶晶

作为"80后"作家,她获得了市场与体制的双重认可;
生于作家家庭,
她比同龄人更能感受代际造成的观念差异。
人们期待她成为某种桥,
但她说只想也只能代表她自己。

去作协开会

作家都知道"去作协十楼开会"是什么意思，就是在新书出版后，即使印数很少、影响不大，出版社或者地方作协也会组织一批文学评论家，到中国作协大楼十层的会议室里开个研讨会——这是必须完成的一个循环仪式。

"80后"作家笛安在2012年7月的一个下午完成了这个仪式。那一年，她的代表作"龙城三部曲"完结，在随后公布的作家富豪榜中，她以580万版税上榜，排名第11位。在她之前，很少有知名青春文学作家在中国作协召开过这样的研讨会，郭敬明没有，韩寒也没有。一位文学评论家接到参会通知时觉得挺惊讶，这位评论家说："我们一直面对的是传统文学作家。"

自2000年以来，青春文学开始成为一个独特的门类，逐渐占领图书市场。最初那几年，一本书只要贴上"80后"作家的标签就很容易出版。在他们之中，市场成绩最好的郭敬明，小说总销量超过千万册，他把读者定位在14～21岁的青少年，这个固定的人群成为他的忠实粉丝，也为他后续作品的影视化买单。

但因为作品缺乏深刻的思想性，青春文学一直难以被传统文学界理解和接受，郭敬明也曾承认，青春文学畅销的同时，在文本、深度以及世界观的构架上是有缺陷的。"但笛安非常好地均衡了这两点，产生巨大的影响力的同时，保证了文本的质量。"郭敬明说。

笛安出生于一个传统作家家庭，20岁即在文学刊物《收获》上发表处女作，她的出现让壁垒两边的人看到了和解的可能。与其他"80后"作家不同，她写的既不是残酷青春和另类生活，也不是反叛教育体制的话题性小说，而是讲述传统的家族伦理。中国作协副主席刘恒赞叹："这个小孩儿笔力很冲，坦率说，某些地方看到张爱玲的某些影子。"

笛安真正进入公众视线，是2009年小说《西决》的出版，这个讲述北方工业城市里三个堂兄妹在家族漩涡中挣扎成长的故事，首印20万册，两周后即加印，当时她已经加入郭敬明旗下的"最世文化"成为签约作家，连公司楼下的报刊亭大爷也进了三五本来卖。"你知道这个是什么意思吗？"郭敬明对笛安说，"你从此不一样了。"如今，这本小说的销量已经超过100万册。

在微博上，她拥有120万粉丝。2014年，新浪做了一个十大好书榜的评选，笛安的作品入选，她在微博上转发这条消息之后说："没有想到我的读者们硬生生地、一票一票地把我送去了那样特别的地方，那是非常严肃的10本书，都是《斯大林时代苏联的私人生活》啊，都是这样的书。"

研讨会的召开则意味着这个年轻女孩获得了"文学大家庭"的认可。"笛安有特殊的资源和使命、责任，肩负了一个我们这儿可能没干好的、中断的一种新文学以来的精英文学传统——怎么跟'80后'的写作结合。"文学批评家邵燕君在研讨会上说。刘恒发言时则像个大家长："我希望孩子继续往前走，不辜负长辈的希望，我们完不成的任务由你们来完成,我是希望你们为整个文学大厦、为人类的精神世界,贡献你们的能量。"

三年后,面对《人物》记者,笛安谈起那场研讨会笑了起来:"难为前辈们,都是下午开会,上午再看一眼我的书。"32岁的她留波浪卷发,背香奈儿包,穿一件酒红色露肩毛衣,喜欢谈论生命中的故事、对文学的理解、创作的辛苦,但并不关心什么"使命"。媒体称她为连接青春文学和严肃文学的桥梁。"他们开心就好,"她笑着说,"其实是大家希望我去完成这件事……但你对写作的梦想完全不包括他们的期待。"

很多人都喜欢问笛安,你们这一代年轻作家跟上一辈有什么区别,但她觉得"这个提问方式本身有问题",因此拒绝为拥有各自不同记忆的一代人代言,"我只能说,我在写作的时候,从来那个内心潜意识里的主语是我,但是20世纪50年代的那拨作家在写作的时候,潜意识那个主语是我们,这是不一样的,这是一个非常大的区别"。

笛安同样难以接受父辈们把批判性和思想性作为评价文学作品的最重要因素,小说怎么能被当作武器呢?"太革命年代、太工具化了"。她希望能够改变文学界在她看来有些陈旧的审美标准——把记录时代、反映国家民族命运作为对文学的最高要求。"能不能暂时放下所谓的通俗文学也好,所谓的纯文学也好之间的那个界限。"她说,"我们先去讨论什么样的作品是一个好作品,一个好作品会带来一个好的故事。"

有一次在朋友的party上,一个几乎不看小说的IT精英问她,写小说是为了什么。笛安当时被问住了,对于一个不看小说的人来说,那些宏大的文学观解释不了任何问题,她想了一会儿,然后回答:"对我来说写小说真正的任务是要构筑一个世界出来,要创造一个尽可能完整的、跟我们生活的这个世界不太一样的世界。"

玻璃罩子里面的故事

笛安对作协的话语系统并不陌生。她的父亲李锐曾是山西省作协副主席,母亲蒋韵是山西省作协主席团委员,作协里很多人都是她的叔叔、阿姨。"从小是吃着作协的饭长大的,这个我没有办法改变,这是我父母那一代人的,但是现在我至少也做了我的选择。"她说。

笛安15岁生日那天,父亲李锐少见地送给她一份礼物——食指的诗集。诗人写于1968年的《相信未来》曾经影响了那一代青年,写作是那时候可以改变命运的途径之一。笛安虽然明白这本诗集对于父亲的意义,但她说:"我不觉得食指是多么了不起的诗人,再长大一点,我其实更喜欢海子、顾城这些诗人。"

"80后"作家常常被传统文学圈诟病的一点是,只有无所事事的青春,没有经历过沉重的年代,写不出好的作品。笛安说:"我从小听得最多的,就是说作为一个小说家,你要有阅历。"但她在三岛由纪夫那里找到信心。在那个战争年代,日本所有的青年男子都要上战场,三岛由纪夫却被军医误诊为肺病,因此错过兵役。"你想,他错过了一个巨大的历史事件,所以他的故事是纯靠想象,但他构筑出来的那个世界有多精彩……人生的经历只是一个辅助的东西,最本质的还是人的想象力。"

但她父亲那一辈的作家显然不这样认为。有一次,浙江小百花越剧团的团长茅威涛邀请笛安和她的父母去看剧团改编的布莱希特的戏剧《江南好人》。回家的路上,李锐一边开着车,一边说这个戏好:"你看布莱希特那个时候,欧洲是一个很特别的年代,他真的是讲了一个当时的欧洲人非常困惑的东西。"

"他很自然的,就像我们的语文课本一样,他要去联系时代背景,说布莱希特当时的这种社会意义。"笛安有些无奈地对《人物》记者说,在她看来,到底怎么才算一个好人才是这个戏真正好看的地方,这是一个永恒的命题,跟时代没有关系。在机场高速上,她和父亲差点因此吵起来。

父女俩的争论,实际上也是两代人审美的分歧。她理解父亲的经历,庞大的国家意识留给那一代特殊的痕迹,但她无法认同他的观念。"我觉得一个人首先要成为独立的个体"。

笛安没有书房,写作时她喜欢歪在床上,把笔记本电脑放在大腿上。"这样写特别不严肃。"她自嘲道。跟男作家聊天时,她内心里有一条标准,如果这个人喜欢博尔赫斯,又喜欢卡夫卡,又喜欢米兰·昆德拉,那就不用聊了,聊点别的吧。"我会觉得,我们对文学的理解肯定是不一样的,我们对文学要完成的任务也一定是不一样的。"

几年前,有一次,参加一个文学会议,一桌子男人都在谈论卡夫卡,笛安觉得气氛有点诡异。"这桌上就没有一个不喜欢卡夫卡的人吗？"她问，"我真没有那么喜欢卡夫卡。"在座的一位男性评论家的话让她至今记忆犹新："你要说你不喜欢卡夫卡，我还觉得有点意思，要是一个那种写畅销书的，我就不说这句话了。"她一听差点急了："我就是写畅销书的呀！我是一个畅销书作家，我觉得这有一种骄傲在的，因为谁不希望有读者！"

笛安的父亲也喜欢卡夫卡。她曾找父亲做过一次对谈，那是在她主编的杂志《文艺风赏》中一个叫《青梅煮酒》的栏目，对话的对象包括莫言、格非、阎连科等老一辈作家，虽然叫对谈，但绝大多数情况下都是长辈说话，笛安"听着"。想要达成代与代之间的理解并不容易。"绝大多数人总是一想事就说，那这个国家为什么会这样，我们这个民族为什么会这样。"

接受女儿采访时，李锐毫不客气地把笛安的写作形容为"那些精致的、被罩在玻璃罩子里面的故事，你们这一代年轻人也一定会经历残酷的幻灭"。

"我们本来就出生在幻灭之中。"笛安回答。

"你真的以为你对历史没有兴趣，你就可以在写作里永远绕过去吗？"李锐又问。

"也许今天我的这种'不感兴趣'，只是你眼里的'不感兴趣'，这本身也是历史的一部分啊。"笛安说。

她告诉父亲："我完全不是反对在小说里盛放历史或者民族的命运，我只是反对一种审美观，因为我们的民族经历过深重的苦难，所以我们的小说也必须苦大仇深，这种要求对'审美观'来说，也是一种很不负责任的简化。"

"哎,这句话倒是有点道理。"父亲似乎理解了。

写一本像《卡拉马佐夫兄弟》那样的小说

笛安的父母从来没有鼓励过女儿从事写作,读书时,她把作文拿回家,得到的评语都是"没有看出有什么特殊的写作天分"。母亲蒋韵对女儿有另一套人生规划——出国念一个学位。回国当大学教授,然后嫁给一个大学教授,最好那个大学教授还是一个大学教授的儿子——"那就是我妈内心里最完美的女人的人生"。

但笛安很早就知道自己没办法成为这样的人。十二三岁时,她和外婆一起看电影《包法利夫人》,外婆指责出轨的艾玛:"你看这个女人多不像话,多好的一个老公,好好的一个家,她不守妇道。"坐在旁边的笛安心里有一种"特别难受的恐惧",她似乎能理解艾玛那种向往浪漫生活、难以忍受平庸和琐碎的感觉。

当时,笛安在重点中学上学,数理化成绩不好,加上戴牙套,所以她度过了一个很自卑的青春期。高考过后,她去法国留学,一个人住在离巴黎200公里远的图尔小城山上的出租屋里,听着房间里坏掉的老壁炉漏雨的炉漏嘀嗒声,坐到电脑前写自己的第一篇小说《姐姐的丛林》,故事里的姐姐充满热情地投入到生活中,却永远被生活打败。

写作成为笛安抵抗生活的工具,"写点字,写一个故事,好像就是我唯一会做的事情"。《姐姐的丛林》发表在2003年6月号的《收获》上,笛安说:"那是我20年来最高兴的一天。"她把写作形容为自己人生里的救命稻草,"你会不顾一切地去抓住它……你生命可能所有的存在感、所有的骄傲都来源于此"。但过了30岁,她开始反思,这跟父辈们把写作当成战斗的武器其实是一样的。

笛安说自己赶上了一个好时候。"我们当时算是赶上了一个'80后'的潮流,这个是真的,然后赶上了之后,现在有很多人去做电影,又赶上了有人来邀请你,愿意去改编你的东西,上大银幕,又赶上了很多热钱涌进这个行业。所以我觉得还是算有些运气。"

笛安写过自己的小说《东霓》的电影剧本。"她笔下人物的共鸣性是在的。"当时即将与她合作的电影导演滕华涛对《人物》记者说。笛安本来也有机会像郭敬明那样成为导演,但她选择不,她说:"太累了,那都是体力活。"

"80后"那一批作家渐渐过了30岁,有的作者没有更新,无法仅凭描写自己的人生获得关注,有的觉得写书不再是一个性价比很高的选择。最世文化的副总裁痕痕对《人物》记者说:"旗下的不少签约作者开始选择退出,他会算什么投入产出比,算他的时间成本等,有些人就选择不写了……有些人可能会选择怎样去把握市场,流行什么,写什么。"

文学界似乎也不那么追捧先锋了。文学界整体对作家不再提出探索的要求了,而希望出经典,希望写法精湛。"70后"作家路内告诉《人物》记者,某种程度上,这当然是进化,需要作家拿出强有力的东西来。但这个潮流似乎天然地对中年作家有利,老作家有可能在观念上会落伍，而青年作家在写作技术上会有点缺陷。他没说出的后半句是，"80后"在经历了一个青春文学的热潮之后，假如决定了写下去，就要熬更长的时间。

笛安理解那些选择退出的朋友，她说："写作其实是一件挺苦的事情，就是当他认为他找到了更值得做的事情，你应该为他骄傲。"她也遇到过写作的瓶颈，"真的要吐血了……一边写，一边觉得自己写的都是狗屎，怎么办呢，熬过去"。

当青春文学的热潮退去后，面对新的市场诱惑，笛安依然保持着写作的热情。她的小说《南方有令秧》出版，讲述明朝万历年间一个女孩想要得到贞节牌坊的故事。当她告诉郭敬明自己的写作计划时，郭敬明告诉她："你要做好这个准备，它有可能没人看。"

"没人看就没人看，我也要写，"笛安说，"我之所以到今天为止我还在坚持，是因为它能带给我一种别的东西都给不了的满足感。通俗地说，我是因为开心才写，而不是因为其他。"

路内很意外笛安会写这样一个故事。他说："好像她这一代作家不大会去碰这样的题材。通常定义她是'80后'作家嘛，我估算她会写一些更现代的题材，她本人有留学法国的经历，这些都是可写的。返回去写古代，有时候会比较难写。真的是难写的。它的难点在于世界观的问题……难写的，写出来才是好的。这就和畅销书作家完全不一样了。"

第九届茅盾文学奖的评选过程中，评委杨庆祥说："《南方有令秧》虽然落选，但在小组讨论时引起了很多评委的兴趣，对作品的语言、结构和讲故事的能力均表示了肯定。"在他看来，"80后"

的写作目前还过于自我化,而且这种自我是一种很虚幻脆弱的自我,没有将"自我"置于更广阔的历史和社会里面予以建构和丰富,"'80后'写作必须从成长中解放,从青春文学的气息中解放,从文艺腔和小清新中解放"。而这部作品对笛安的意义也非比寻常,她说:"我觉得一个好作家必须要去跨一步,就是你要去能够熟练地写别人,甚至把你自己就隐藏在所有的那些别人里边、别人后边。然后我就觉得令秧让我相信了,我其实能再去写一些我以前不敢挑战的东西。"

她告诉《人物》记者,最终的梦想是"写一部伟大的小说",随后又有些羞赧地补充,"当然谈不上多么伟大,我的终极梦想是有一天写一本像《卡拉马佐夫兄弟》那样的小说……我希望用一生去接近它"。那是俄国作家陀思妥耶夫斯基的最后一部长篇小说,在生命的最后一刻,作家还在写,直到笔筒掉到地上,滚到柜子底下。

颜宁：天真生产力

○
○
○

文 | 李婷婷　编辑 | 赵涵漠

天真是一种生产力。极有个性而从未失去天真的颜宁代表了一类科学家的气质，"她在一定意义上代表了一种中国的科学家可能过去尤其没有的多样性，因为有她，这一群人就变得更丰富了，而不是从任何一个角度看都是清一色的"。

"哎呀,反正这是颜宁嘛"

午后的国家图书馆里散落着低头看书的读者,一如往常的安静。但 2017 年 10 月的这天,笑声从馆内的一个角落传出。两位穿着小礼服裙的女士踩着一脚蹬,手里各拿一双细跟高跟鞋,鞋跟对着鞋跟拼出心形,随后她们又将鞋跟朝向对方,做出拼杀的狠表情。这是生物学家颜宁和盖茨基金会中国负责人李一诺在接受《人物》杂志封面拍摄间隙里最肆意开怀的瞬间。她们从 1996 年在清华大学生物系同班起就是闺密,如今两人站在 40 岁门槛上,少有机会相聚,但一见面就爱互相调侃:"我们在一块就是嘻嘻哈哈惯了。"

"别玩了!"图片编辑在一旁喊停,并且形容她俩就像上学时被刻意安排在教室讲台左右座位的调皮学生。结束拍摄时,颜宁女士笑嘻嘻地问图片编辑:"我表现挺好的吧?"她自称天生无厘头,"随心所欲的无厘头是一种特权"。

这种随心所欲在颜宁的事业选择上同样显著。2017 年 4 月,颜宁做出了让许多人大跌眼镜的决定——离开待了 10 年的清华大学,成为普林斯顿大学分子生物学系首位雪莉·蒂尔曼终身讲席教授。雪莉·蒂尔曼是世界著名分子生物学家、普林斯顿大学建校 200 多年来的首位女校长,这样的头衔在美国教授序列里被认为是独一无二的。

在此之前，颜宁的声名早已超出科学界而被公众所熟知。她未满30岁即从普林斯顿博士毕业回到清华大学任教，成为"清华最年轻的教授"。此后，她的科研成果更令人瞩目，自2009年以来，她以通讯作者身份在国际最有影响力的顶级学术期刊《自然》《科学》《细胞》上发表了19篇论文，其中两篇被《科学》"年度十大进展"引用。她还与时任环保部部长、现任北京市市长的陈吉宁，香港科技大学理学院院长叶玉如，国家空间科学中心主任吴季等在2016年被《自然》评为10位"中国科学之星"。

颜宁出走普林斯顿的消息迅速在国内引起轰动，"负气出走""人才流失还是人才流动"等众说纷纭，科学家的一次个人职业选择甚至被放大为中美科研发展水平的对比。

"我就特别欣赏颜宁这种没有被任何外界给框住的状态"。被颜宁称为"女神"的美国国家科学院院士杨薇在接受《人物》记者采访时给出这样的评价："颜宁在国内的话，会一直成功下去，而且会越做越大，位置坐得越高，影响力越大。她去普林斯顿就是一个全新的开始，也是全新的挑战。"

在清华大学的颜宁办公室里，办公桌一角堆着6碗方便面。颜宁坐在粉色办公椅上，再次被问及这个她回答了"一千遍"的问题，她的语气显得有些无奈："这两个其实都是我的母校，真的，我都好喜欢，这件事情我从来没有撒过谎，就是我如果现在是在普林斯顿，清华让我回来，我也会回来，一样的。但是，我已经在清华从教10年了，我知道在清华做教授是什么体验，现在我很想知道如果我去普林斯顿会是什么感觉。生命如此短暂，要努力去扩展生命的宽度，多去经历和体验。"

在颜宁的第一位研究生李硕眼里,颜宁一直非常有个性。"她应该算是在科学家里面最不像科学家的科学家了吧。在我们想象中,科学家外出的话可能会打扮得很严肃,会有一种不怒自威的感觉,但颜老师完全没有。她出门的时候可能就是一件T恤,一条运动裤,在办公室或实验室,如果不出去的话可能就会踩个人字拖,上课的时候就会换一双运动鞋。"

最开始几年,与学生年龄相差不到10岁的颜宁总是和学生打成一片。和学生一起在实验室里比赛点晶体,把蛋白液体用移液枪滴到盖玻片上,点成圆液滴,一共要点192下。颜宁"像赌王发牌"一样铺好玻片,枪头"啪啪啪"越点越快。把学生做不好的实验做出来了,她会到学生面前晒成果:"你看,姐姐我用了不到一天的时间,做出了你们3天的工作,我觉得你们真的还没有出师啊。"她也会和学生一起看电影、玩杀人游戏、唱K。"在KTV里很放松,你一开门,不会觉得,'哦,这是老板',不会的,就是一群学生在玩。"李硕说。

清华大学生命科学院教授俞立是颜宁的好朋友,两人常常互相抬杠。在他看来,颜宁不仅有"孩子气"的一面,还有"特别粗鲁的、半点毫不留情"的一面。有时两人在电话里大吵起来,颜宁"啪"把电话挂了,但没过两天又能和好。在一次去滑雪的路上,颜宁直接批评俞立当时的研究目标"有什么了不起","如果你一直做这个,我肯定看不起你的科学"。那次对话让俞立不太高兴,但他了解颜宁的出发点,"话很难听,很刺人,但是那是事实,她就在逼着我想,我真正研究的是什么东西"。

一位已经退休的自然科学基金委的领导曾说:"颜宁这个人非常非常直,她不会因为你是大专家,在指出你漏洞的时候就很委婉,也会非常直接指出来……她在科学问题上对谁都会这样。"

"有些人会觉得有点手足无措,因为颜宁当面可能就把一个比较潜在的、令人难堪的事情说出来了"。清华大学医学院教授祁海也是颜宁、俞立的好朋友,他说:"但是在朋友之间或者是大家开玩笑的时候就说,'哎呀,反正这是颜宁嘛'。"

颜宁没把陌生人的评价太放在心上:"我可能是骨子里比较潇洒的那种人……我小时候还挺在意周围人的评价,但慢慢我意识到,没有人会把不是那么亲近的人特别放在心上……我觉得当你比较清楚自己在做什么的时候,你就没必要去在乎别人对你的评价。"

在祁海看来,极有个性的颜宁代表了一类科学家的气质:"她在一定意义上说代表了一种中国科学家可能过去尤其没有的多样性,因为有她,那么这一群人就变得更丰富了,而不是说从任何一个角度看都是清一色的……相当于你看出去有一片风景,然后这里头它总得有个亮点,那颜宁肯定是我周围的科学家里的一个亮点了,她会让你周围的生活变得很有意思。我觉得这世界上有这样的人挺有意思。"

这将是一种耻辱

2016年5月2日,一篇发表在国际顶级期刊《自然——生物技术》的论文引发了国内学术界和媒体圈的爆炸性关注。这篇论文的通讯作者韩春雨来自设备、经费和科研人员都十分有限的河北科技大学，但他报告的这一新的基因编辑技术 NgAgo 可媲美由美国科学家掌握的有"基因魔剪"之称的 CRISPR 技术（Clustered regularly interspaced short palindromic repeats：是生命进化历史上，细菌和病毒进行斗争产生的免疫武器，简单说就是病毒能把自己的基因整合到细菌，利用细菌的细胞工具为自己的基因复制服务，细菌为了将病毒的外来入侵基因清除，进化出 CRISPR 系统，利用这个系统，细菌可以不动声色地把病毒基因从自己的染色体上切除，这是细菌特有的免疫系统），被国内部分媒体称为"诺贝尔奖级"的科研成果。在论文刚发表的两个月里，平均每天就有 66 篇相关的中文新闻报道产生，有人将韩春雨与同样没有海外留学背景、第一位获得诺贝尔奖的中国本土科学家屠呦呦做类比："在这样草根的地方做出了大科研，这其实才是中国特色。"

当几乎整个国家都沉浸在为拥有这样励志的本土科学家而生发的激动情绪之中，论文发表 17 天后，颜宁发了一条微博——"这个研究如果所有数据都正确，那么它的前景巨大，好极了！"但她同时写道，"不属于创新型研究，是跟风型，没必要神话，原创在 2014 年"——成为这一热潮中第一个公开表示对韩春雨的研究成果持观望态度的科学家。

这样的言论让颜宁在当时一边倒的舆论中饱受攻击。"如何看待颜宁对韩春雨研究成果的评价？"曾一度是知乎生物板块的热门问题。不少网友认为颜宁故意诋毁韩春雨，做不出真正的创新型研究而"吃不到葡萄说葡萄酸"，甚至有人还上升到人身攻击。一位网友在颜宁的微博下留言："就楼主的身份而言，这么说话无论内心真实想法如何，都会被认为在酸老韩。因为楼主你要意识到，现在在大家眼中你早就不是青年科学家的代表了,而是有名气的大牛了。"

某种程度上来说,那条留言准确地指出了一点——此时38岁的颜宁虽然年轻,但成就斐然。从一年前开始,她陆续收到了好几所国外知名大学的聘请,其中不仅有让她当系主任、研究所所长等条件极好的offer,还包括颜宁最后答应的普林斯顿大学分子生物学系首位雪莉·蒂尔曼终身讲席教授一职。而这些邀约恰恰让她感到自己的角色正在发生转变,"当时我把自己的位置放得不太一样了,我在心里面已经觉得我可能地位比较高了,突然间觉得我不能再把自己当小孩,只是管好自己的一亩三分地就行,我觉得我有些时候是需要有些责任感的"。

在没有预估后果的情况下,颜宁一时兴起发了那条微博。"我确实有点想降温。我其实真的不是针对韩春雨这个人,我就觉得这件事演变得太疯狂了,哪像是学术界的做派啊。我觉得学界要有一个平衡,至少要有个平衡的声音,不能所有人都去狂热"

在清华大学生命科学院教授杨茂军看来,颜宁对韩春雨这件事的表态令他敬佩,"她特别正直,有啥说啥。我们也知道,但是我们就不说,懒得说,或者压根儿就不想说这个事,也不想得罪这个人。她就敢干"。

好友祁海和俞立在韩春雨事件开始发酵时在私下里也持观望态度,但颜宁和他们的区别是她选择了一个更公开的方式发表意见,祁海说:"同样的话,你拿个喇叭在大街上喊,说这如果是真的,语境就不一样,传达的意思就不一样。"

祁海在电话里告诉《人物》记者:"跟她熟悉的人会觉得颜宁的出发点实际是很单纯的,有很多时候我觉得这也是比她有城府的人赞赏她的一点。假设我有这种急促的表达欲,我可能会采取的方式是写一篇特别长的文章,把所有的可能都给它覆盖上,我才会觉得心安理得,这里头有他错的可能性,但是也有他对的可能性,这样谁都不得罪,左右逢源,在科学上也是站得住脚的。但这很累,所以我从来就很少说。"

干脆直接地发声是颜宁一贯的作风。从 2015 年起,她开始在多个公开场合里为女性科学家发声,参加女性科学家论坛,举办学术论坛时会特别邀请优秀的女性科学家。在一次学院面试博士生的现场,一位男老师提问一位女生将来如何平衡家庭和科研,颜宁当即打断了谈话,指出这是一个有性别歧视的问题,同时质问那位男同事:"为何面试一整天都没问过男生如何平衡家庭和工作的问题?"她在博客上写道:"女性凭什么既要做贤妻良母,又要做先进工作者?社会不能既鼓励女孩子们自尊自强自立,又要求她们两手都要抓,给她们比男性更多的家庭负担,这对女性不公平!"

2016 年 5 月,在录制中央电视台节目《开讲啦》时,颜宁又一次为女性科学家发声,希望女孩子们勇敢地遵从内心做出自己的职业选择,而不是屈从于家庭和社会的压力。节目播出后,颜宁的微博粉丝数从几千一下涨到几十万,原本把发微博当作"休闲放松"的颜宁不得不审慎地发言。颜宁承认,自己站出来为女科学家发声需要勇气,"因为这意味着你自己的一些私人空间被侵占,这实际上是某种程度的牺牲"。

2016 年 6 月,颜宁受邀成为权威科学类微信公号"赛先生"的轮值主编之一。在轮值期间,她推出了"女科学家去哪儿了"专栏,为大众介绍一批优秀的女科学家。

几乎在颜宁成为"赛先生"主编的同时，开始不断有人提出无法重复韩春雨的实验。这期间，韩春雨被任命为河北省科协副主席，被评为最美教师，河北发改委批复投资 2.24 亿元在河北科技大学建设基因编辑技术研究中心。2016 年 10 月，13 位中国生物学家联名在媒体上公开发声，表示无法重复该实验结果，呼吁有关部门启动学术调查。而在颜宁任轮值主编的半年内，"赛先生"接连发布了 9 篇实时跟踪韩春雨事件最新进展的文章。

面对学术道德这件事，李硕觉得他的导师颜宁"眼睛里是不容沙子的，在韩春雨这个事件上，她可能更多的是觉得皇帝的新装，大家都不愿意去说他，你好我好大家好。那长此以往下去，中国这个学界就是有问题的了"。

2017 年 8 月 3 日，《自然——生物技术》发表了一篇社论，称韩春雨及其团队主动撤回了这篇至今没有实验室独立重复出实验结果的论文。

时隔近两年，颜宁坐在她的办公室里谈及韩春雨事件，言语间依然流露出遗憾："我并没有在公共场合说韩春雨造假，只是如实报道别人重复不出来，这是一个客观陈述……在尚没有人可以重复的情况下，你如果贸然就大把投钱进去，那这对中国学术界的负面影响简直不堪设想。这意味着大家以后都可以铤而走险，就是我先想办法发出来，是对是错是真是假后面再怎么样都没关系了，你不觉得这是很可怕的一件事情吗？……这件事情你说对我自己有什么好处吗？会影响到我吗？事实上跟我个人一点关系都没有，但是我觉得这件事如果处理得当，对于中国的学术道德建设或者说学术风气净化,本来可以成为一次很好的契机。至少我觉得如果不管这件事情,置若罔闻的话,它将是科学界的一种耻辱。"

天真

在2018年2月小年这一天下午,《人物》记者再一次见到了颜宁。她穿着蓝色的帽衫、浅蓝色的牛仔裤,还有那双在拍摄间隙也穿过的蓝色一脚蹬。早上她刚从澳大利亚飞回北京,行李箱直接被拉到位于清华大学医学科学楼的办公室里。从上午11点起,颜宁就在会议室里和实验室成员开会开到下午3点,中途她叫了外卖和大家一块在会议桌上边吃边聊。原本以为早该筋疲力尽的颜宁在接下来的两个半小时采访里依然表现得精神头十足,甚至语调还变得越来越欢快。

"颜老师仍然是少女的感觉。"在颜宁实验室待了7年的潘孝敬说,颜宁走路向来都是哼着歌的,这么多年来唯一的变化只是歌曲不一样了。"如果你吃了一个好吃的东西推荐给她,她吃了也觉得好吃的话,她就会很开心。肉夹馍这种东西,就可以把她的幸福感,瞬间提升"。

李一诺和颜宁相识22年,她感到颜宁一直以来都是一个简单纯粹的小女孩形象。"这也是她可爱的地方,我觉得她一直是一个内在很光明的人,不大受外界这些东西的干扰,一直有一套自己的东西……她很纯粹,从一定程度上来讲,我觉得这也是她制胜的法宝吧,她一直是相对比较清灵的人"。

"她这种天真是一种生产力,有这种天真是挺了不起的。"李一诺想起学者刘瑜说过的一句话:"'大学的作用就应该让人回归天真。'讲得挺对的,我觉得现在咱们大家都太实用了,这种天真挺难得。"

在这次采访中途,颜宁接到了来自父亲的电话。电话的另一头,父亲催她早点回家吃小年夜饭,颜宁用山东方言柔软地回应着。"我可爱撒娇了,但那是对我爸妈撒娇"。在一场女性科学家论坛上,颜宁这样回答一位男生所提的"女科学家会不会像一般的女生那样撒娇"的问题。

毫无疑问,能让颜宁在40岁依然保持天真和少女感,贡献最大的便是她的父母。颜宁团队已经毕业的博士生郝琦说:"他们不强迫颜老师结婚,颜老师生活上的事儿统统都不用想,做饭,这个很典型吧?或者是人情之类的,她父母都能帮她搞定。所以颜老师想放多长时间在工作上就放多长时间,就不受世俗的干扰。"

在李硕的描述中,颜宁与父亲的个性很相像。颜宁的父亲以前是在工厂的小车班开小轿车的,不管是遇见的是哪个领导,他只要没看到厂里批的条子就通通不给出车。"你给我拿酒也好,拿烟也好,我就是不会给你出车的,因为我的工作就是管好这几辆车,给公家省油。"颜宁父亲说。

在父母的严格管教下,颜宁从小不说脏话,不小心说一句就会被批评半天，也不能去朋友家多玩一小时，"他们保护欲过强，生怕我出什么问题"。在父母的保护之中，颜宁觉得自己的心理状态没怎么变过，"我在家里始终被宠着，我妈一见我，你都想象不到。就像微信里说，'哎，宝贝儿'这样子。我那天就突然间笑起来了，我说怪不得我长不大，因为整天都在这种状态里，你不可能把自己当大人"。

如今刚过30岁的同事潘孝敬羡慕颜宁的少女感，"跟她在一起对比的时候，会觉得她是个小孩，而我真的是年纪好大"。几年前就已经结婚的潘孝敬觉得自己失去了为一些事情欢欣雀跃的感觉，她担心着未来将面临的照顾家庭、孩子的部分任务会让自己在科研上分心。

当颜宁告诉父母决定不结婚时，父亲没在乎，"觉得谁都配不上我女儿"。颜宁的母亲起初有点担心："哎呀，你将来感到孤独怎么办啊？"但她后来发现女儿整天忙忙叨叨的，跟学生在一起很开心。颜宁回忆起当时的对话："我说，'像我这么随心所欲的人，怎么可能让自己陷入一种悲观的状态'。我妈想了想，觉得我真的是这种状态，所以就接受了。"颜宁特别感激有这样开明的父母，"他们很尊重我是否真的开心，是否真的是舒服的状态"。

天真还来自校园这座象牙塔。无论是求学还是工作，颜宁一直生活在家和校园的两点一线之间。在清华园里，其中有10年她生活在如同张开双翼的砖红色医学科学楼里。从西流到北的万泉河与医学科学楼相邻，河岸两边是依依垂柳。"在清华我很少去市里面，每次去我都说我们要进城了。"

在这样一个"不食人间烟火"的地方，颜宁很庆幸有一帮很好玩的朋友，让自己的校园生活如此愉快。俞立是这群人里的"生活委员"，"有什么好玩儿的，他就带着我们几个人去玩儿。有时候是去参观个艺术展，有时候是知道哪儿有个新的小酒吧……还会组织滑雪"。

在科研上，这帮朋友对颜宁的欣赏也让她感到"傲娇"。俞立说："有很多东西都是，你有一两个朋友，你永远不会怀疑他们跟你讲这个话的意图，而且你也不需要这也正确那也正确。所以科研上的品位啊这些东西慢慢地就会提高，我觉得跟颜宁在一起，这方面我收获比较大。"

祁海也庆幸身边能有颜宁这样在科研中追求极致的同事，"你旁边的人对你总是一种督促和鞭策"。他还记得2016年和颜宁在医学科学楼楼前广场的座椅上进行过一次关于课题的交谈，"当时她是从独孤求败的角度来找问题的出发点，她想要去检验她自己的边界在什么地方，这种欲望，我觉得很了不起，对我产生了一种刺激"。颜宁当时说："这种完全没有路，但是又非常吸引人、你又感兴趣的事情，你就这么干吧。"

"颜宁可能在所谓人情世故方面要稍微差一点，因此有很多人在保护她，很多人替她挡了很多东西，也让她能够比较任性地去做她的事。"李一诺说。但她并不认为颜宁不懂人情世故，颜宁喜欢的作家阿耐的小说里常常聚焦官场、职场、商场的纷争，"其实她也挺懂的……她看明白了也就看明白了，但她用不上"。

纯粹

刚去普林斯顿的几个月里,颜宁进入了"放飞自我"的状态,"想干什么事情干到几点算几点"。在她独自居住的公寓外,停车场旁边有一块大草坪,鹿和狐狸在那儿出没。颜宁享受这里的清净。

和在中国被高度关注的环境不同,在普林斯顿,颜宁可以获得更多的专注和自由。"在国内有很多事情跟着她,任何事情都有好处和坏处,太被关注的话就会影响人的自由度。美国在个人的自由发展,对各人在科学上的追求不会有那么多的寄望。像父母对孩子的寄望那样,中国社会对颜宁有很多这样的寄望。"杨薇说。她有时候会和颜宁互相发很长的微信,"你一个来,我一个去,一天两天讨论下去"地探讨科研问题让她觉得特别过瘾。

在学术研究上,颜宁仍然表现出了天真的个性,她绝不会用一种世故的方式去遮掩自己的好胜心。她从小就习惯了年级第一,但本科刚到状元云集的清华就被震住了,"以为自己是棵葱,才发现只是朵小葱花"。第一学期在高数的期中考试上,她紧张得牙齿直打哆嗦,大脑一片空白,结果考了 67 分。"就这样还能及格?我实力挺强的啊!"颜宁一下就轻松了,高数的期末考试总成绩 89 分更强化了颜宁的自信,"哦,清华!"

这样的反转一次又一次地在颜宁求学生涯出现。在普林斯顿读博第一学期的一门课上,颜宁第一个被教授提问,问题来自教授上一节课发的一本 20 世纪五六十年代的经典论文集。颜宁当下就"傻了",脸憋得通红,一句话也说不出来。同一个问题随后被班里另一个中国学生回答出来了。"可以想象我多自卑啊,然后从此就开始了我不分昼夜的读书生涯。"那时候颜宁每天只睡6小时，睡前读论文集，睡醒手上还拿着它，又接着读。期中考试时，她在这门课上得了B-，能过及格线让颜宁一下释然了，"好像那种自信一下就回来了"。

第二年，颜宁加入了施一公教授的实验室。此后的一年半时间被她总结为"暗无天日"，"我是做什么，什么做不出来"。而比她早几个月进实验室的另一个中国学生已经在国际顶级学术期刊《细胞》上发了一篇论文。导师施一公常常在她面前表扬其他人："你看他多么细心啊，你看他做事多认真，你看他学得多踏实。"这让颜宁感到压力很大，一下瘦了30斤。直到2003年1月11日，颜宁对这个日期记得尤其清楚，她把一个复杂的生化实验做出来了，施一公一句"你终于会做实验了"让她又一次如释重负。此后，她在做实验时常常能想出一些"剑走偏锋"但有成效的主意，参与讨论时反应总比别人快，成为施一公的得意门生。

挫败感再一次来临时，颜宁已经通过博士答辩，还获得了2005年度《科学》杂志和通用电气医疗评选的北美地区"青年科学家奖"。此前她因为做出可溶蛋白的结构第一次在《自然》杂志上发表了论文，觉得没有做不出来的东西了，状态"很狂妄"，所以决定去挑战当时最难的膜蛋白结构。但颜宁低估了这个课题的难度，每做一次实验结果都是负的，她形容自己在那段时间就像"行尸走肉"。最严重时，她因为被接连失败的实验结果所打击，连续14天没有写实验记录——每天写实验室记录是实验室的要求。等醒悟过来时，她直接在实验记录本上为这两周写上"阴郁的日子"。但一年多后，颜宁就做出了实验室的第一个膜蛋白结构。

和失败交织在一起的成功让颜宁一步步积累了信心，"不断的收获成就感是一个正反馈的过程……当你信心积累得越来越多,头脑比较轻松时,就敢于去想去做一些决定,反而结果也还不错"。

即便是在那些最艰苦的时刻也满是犒赏,从科学之中,颜宁感受到了纯粹之美。在2015年底接受《人物》记者采访时,她曾讲起在施一公实验室时,还有两位来自清华的师兄。当夜幕降临,三个人就用小音箱放着中文老歌,就着旋律各自做各自的实验,"那感觉可好了"。现在,更让她感到愉悦的是"把人类的边缘稍微扩一点点……科学也是一样的,做的问题不论多小,它都是新事物"。

2007年,颜宁从普林斯顿回到清华,她确立下的几个研究目标都是业内公认的硬骨头。2014年,她率领的团队在世界上首次解析了人源葡萄糖转运蛋白GLUT1的三维晶体结构,这是其他实验室做了20年都没做出来的。凭借着这项被诺贝尔化学奖得主布莱恩·科比尔卡评价为"伟大的成就"的成果,颜宁于次年获得了国际蛋白质学会青年科学家奖和赛克勒国际生物物理奖。

在清华,颜宁实验室没有限定工作时间,但是,"她在实验室起码应该是14到16小时吧,这是不夸张的"。她已经毕业的学生殷平说。

有年除夕,颜宁还在办公室写论文,直到下午四五点钟父母打电话叫她回家吃年夜饭她才回家,饭一吃完就又回办公室,把论文写得差不多了才回家过年。

颜宁保持着稳定的作息:快到中午起床,洗漱之后5分钟之内出门;出门前,颜宁会打电话给实验楼的咖啡厅,请做一杯中杯拿铁。有些时候她就住在清华的公寓里,十几分钟之后走到学院,"不凉不热正好喝";再请他人带一份香辣牛肉粉,"开始愉快的一天";下午快傍晚的时候,在学校里转转,晃晃悠悠回家吃饭;饭后和父母一起散步到实验室,然而一个人接着工作到半夜。

颜宁主动避开了科研以外的世俗干扰。她把工资卡交给母亲,她刷信用卡,母亲来还款,"我也不知道我收入多少,我就不用操这个心"。她所在的生物科学领域有很多人选择开制药、生物科技等公司,但她不打算这么做,"那就需要跟人打交道,而且好多是不可控的人,因为在学术界跟同事打交道,更多是一种智力上的交流,没那么复杂的。但是现实中当你有利益关系,我就不太清楚了"。

她选择主动躲开和物质生活紧密相连的事情,"我对于什么今天股灾了,明天经济形势怎么样了,完全无感,我唯一在乎的就是不要把我们经费给掐了"。

颜宁的学生殷平在华中农业大学也拥有自己的实验室。当他觉得实验室快运转不下去的时候,向颜宁寻求建议,在一次微信语音聊天中,颜宁鼓励他:"你肯定能活下来。"随即又告诫他要收起那些乱七八糟的想法,"你应该埋头苦干,与其说,不如做"。如今殷平早已成功度过了实验室的生存阶段,他在电话里告诉《人物》记者:"做科学家第一要素肯定是 pure science(纯科学),如果没有这个第一要素,都是什么其他名和利,那就肯定不对。往往是 pure science 做得好的人,可能这些东西它也都是水到渠成的事情。"

不合常规

在普林斯顿，颜宁的实验室已经进入"试运营"状态。学生吴建平早在几个月前就到普林斯顿协助筹备实验室。"颜老师这边事可多了——写文章、写经费申请，这边也有一些活动她得负责，还有实验室的运行以及指导学生。"他觉得为实验室申请经费占据了颜宁很大一部分时间，而在清华颜宁几乎不需要为申请经费消耗太多精力。

对一个拥有启动资金的新实验室，颜宁本可以不申请基金，但这一行为对她的重大意义在于，"体会一下那边都是什么样的体制"。

在清华大学生命科学院院长（同时也是颜宁本科时期辅导员）王宏伟看来，颜宁出走普林斯顿的决定因为非常"不合常规"，显得她很勇敢。"从结构生物学来说的话，清华现在的这个条件和水平比普林斯顿要好很多。"这让王宏伟回想起2007年颜宁从普林斯顿回清华的决定，同样的"不合常规"。那时候中国的科研条件相比美国很差，一般在美国读博士做博士后就会留在那里找独立教职。"她选了与众不同的这么一条路，我相信大多数人是不看好的，因为'不合常规'的路没有前例可循，那当然不知道这条路能不能走得通。"

颜宁一直以一种非世俗的框架去思考未来的选择。因为2013年底冷冻电镜技术的突破性进展，颜宁原本准备做一辈子的课题钠离子通道一下子就做了出来。太过轻易获得的成功反而给她带来了一种虚无感，"哎，简直是把这个游戏的乐趣全都给毁了，就好像剧透"。这个本应成为颜宁又一巅峰之作的课题，因为技术难度达不到她的预想水平，让她觉得自己"就像捡了一个大便宜，天上掉馅饼"。

颜宁追求"反差爽"，"熬夜熬得不行了，但把事做完去睡觉，就觉得特别畅快淋漓，饿得半死的时候去吃东西，会觉得特别香，在最后期限之前那一刻做完，哇，那个成就感，就是要摁到谷底，'啪'，反差带来的狂喜才会特别爆棚"。

比起科学所能给她带来的现实荣誉，颜宁更在乎自己的内心感受："我的一个特点就是我一直在追求与众不同，当一种东西别人都可以做的时候，就觉得好棒，那你玩儿吧。"

为了寻求科研上的突破，颜宁选择离开待了10年的清华大学。冷冻电镜的发展改变了结构生物学的未来，颜宁曾对俞立开玩笑说："10年以后我还是个结构生物学家我肯定看不起自己。"选择普林斯顿，颜宁更看重它方便的多学科交流，有利于她在结构生物学以外寻找新的课题。她可以跟不同学科的科学家合作课题，实验室还可以招收其他系的学生。她招的第一个研究生来自化学系，第一个博士后有物理加上材料科学背景。吴建平说："大家的思维方式、擅长的东西是不一样的，相互碰撞就可能会融合产生一些新的想法。"

在俞立看来，颜宁现在唯一的敌人就是她的好胜心。"她以前每年发若干篇 CNS 论文（CNS 是国内对 Cell、Nature、Science 三大顶级杂志的简称），如果不发，她会觉得她的骄傲被打击。但是如果要开始做这个开拓的工作，就要做好你实验室几年都不出什么东西的准备。大家觉得颜宁怎么突然不出东西了，她是要承受这个。还有陷入跟别人竞争的时候，只是为了竞争我也要把这个东西做出来。如果你要开始做这些完全不一样的事情，就要尽量甩掉一些东西，但是如果好胜心太强了，就什么都不想舍。"

坐在墙上挂着各种荣誉证书的办公室里，颜宁对《人物》记者进行了自我剖析："我 2015 年就开始念叨突破这件事，我到了 2018 年还没有动静，不觉得这就很奇怪吗？也不能说我没有学新的东西，我一直在学电镜，把之前我认为不可能做的东西都再做出来，所以说我一直很忙忙叨叨，时间就过去了……时间花在哪里是看得见的，你做的这些事情都在消耗你的精力，消耗你的时间，所以说别人可以看你做东西很炫，你又在 CNS 上发表了文章，但你回头看，忽然觉得我为什么把时间花在那上面？"

对于颜宁来说，真正的成果绝不能仅以论文的质量和数量作为标准。"我很恐惧等到真的终结我的学术生涯的时候，回头看，我当年为什么不……最怕就是曾经有个什么摆在我面前，可是我没有珍惜。不觉得这才是人生最大的悲哀吗？那为什么没有珍惜，可能是因为我当时的短视或者因为我一时的贪婪吧。"

如今再回到普林斯顿，颜宁一边继续做之前的课题，一边试图追寻真正吸引她的问题，即便有些问题在别人看来可能不重要，"但我觉得重要就够了，这是做科研的态度"。

至今，颜宁还有一个让她着迷的终极问题：生命和非生命的边界在哪里呢？"结构生物学其实处于一个边界，处于生物与化学和物理的边界，所以我觉得很多时候做结构的人特别喜欢去思考这种所谓生命的意义……就会很神奇地就说怎么这么一个一个分离出来分子，它是没有生命的，但组合在一起，它就能够有机地去利用能量，然后去展开各种活动，为什么？"

类似的问题在颜宁童年时一直存在。在北京大兴的一栋四层楼房里，夜里她坐在床上，看着窗外的星空陷入遐想：宇宙外面是个什么样子？宇宙是无穷的，什么叫作无穷？宇宙到底有没有边？

在采访中，颜宁从记者带来的一份文件里翻到她刚去普林斯顿读博时写的穿越小说：读本科一年级、天体物理专业的李白穿越到了唐朝，成了历史上语出惊人的诗仙李白。颜宁的语气突然变得很激动："啊，这是我的小说！"这一刻，这个在科研中保持纯粹、追求最本质目标的科学家颜宁与那个天真烂漫、从小喜欢遐想的小女孩有了奇妙的重合。她开心地向记者讲起小说里关于有与无的起源问题、偶然与必然的存在问题的玄妙。"你不觉得这是很好玩的一件事吗？"

李一诺：贪心的人

文｜张薇　编辑｜赵涵漠

她有气场，又没有气场。她野心勃勃，但又不咄咄逼人。采访过程中，总能轻易收获到关于李一诺的这类评价。归根到底，她善于理解人，亲近人，更善于让人感到舒适。她打翻了传统观念里"强大女性必然不近人情"的刻板印象，甚至，你干脆不愿把女强人这种字眼安在她身上。

贪心

李一诺女士患上了中耳炎,在断断续续烧了近两周之后的这天下午,她遵医嘱,取消了晚上飞多哈参加一场教育论坛的航班。但这并不意味着她会让自己闲适起来,她安排了《人物》记者的采访——见缝插针。此时她低烧未退,脸上浮着一层蜡黄,怎么看都不是一个好状态。

她没把这些当回事,还向《人物》记者提议:"咱们别傻坐着,那多没意思啊,出去走走啊。"她引着路,直奔离她家不远的朝阳公园。2017年11月中旬的北京,偌大的公园人迹寥寥,风在空旷中呼啸着横冲过来。像忽略低烧和中耳炎一样,她也没在意冷风,只管兴致盎然地一通走,步伐和语速都快得惊人。要跟上她的节奏,必须全神贯注。

采访前两天,李一诺迈进了40岁的门槛。她不避谈年龄,甚至生日前5天还在个人微信公号上发了一篇人到中年的感言——《生于1977》。没有小情小调、伤春悲秋,她谈衰老和死亡、消失的故乡和谋食的异地、中国与世界的变化、个体的力量,乃至人到中年的理想主义,宏大的议题很容易陷入无解的茫然,但她交织着自己的经历和思考,开出了一份解药。

李一诺称自己是现实的理想主义者。如果给人生画一个曲线图，她的那根线飞扬得惹眼——前麦肯锡全球合伙人、盖茨基金会北京代表处首席代表、创新学校一土学校的联合创始人。学校成立一年后，吸引了不少媒体的报道……以及，她还是三个孩子的母亲。

从商业到慈善，再跨界到教育，这就罢了，她居然还能兼顾家庭。凭什么她能同时做这么多？这是李一诺最常被问到的。

"做个贪心的人"。她这么主张。李一诺不止一次公开地讲"贪心"和"野心"。有时是在"奴隶社会"公号上，有时是在受邀参加的论坛中。她知道这么说会招人骂，可她还是选择了自我暴露，"贪心一点，想要就要"，以及，"野心不是件坏事情"。

李一诺厌恶无效的市井智慧，比如，女生不能学理工科、女人生了孩子就不能干这个……她信奉"从目标开始，而不是从限制开始"。

这让她成为国内少有的公开宣扬野心的女性之一。有人喜欢她，愿意追随她。2017 年 6 月，李一诺在"奴隶社会"上发了篇招志愿者的文章，《一诺：和我工作一年》，她给这个招人项目暂定的称呼叫"一诺 Fellow"，要做的事情，和她相关，和一土、公益相关。一个月内，后台竟收到了 1000 多份申请，而她只需要 10 份。

但也有人觉得她的布道不过是碗"鸡汤"。知乎上，针对"女性家庭和个人追求怎样尽量平衡"的提问，她描述自己的"贪心"和不设限，逢山开路，逢水搭桥，还秀出了靓丽的马甲线照片。很快，有人反驳她的观念太过精英，忽略了普通人有限的个人选择和经济能力，还有人在评论里猜测着："坦白吧，你家几个阿姨司机围着你转,给你管孩子?别来这里误导大家了。"这条得了 200 来个赞。

她家有一个阿姨。晚上尽量由她或先生接娃放学和哄娃入睡。她习惯在 10 点后继续工作,深夜里写好公号文章,《人物》记者不止一次在凌晨过后收到了她发来的最新的文章预览。此前《人物》拍摄,她会在发着烧拍摄的间隙抽出一本书来看。还有一次,她在跑步机上接受了一家自媒体采访。

李一诺有一套自己管理时间的理论:事情不分正事和闲事,凡是规划过的事就尽力去完成;最浪费时间的事情,不是因为时间表管理不好,是跟错人,走错方向;把想做的事情做了,其他事情会自己消失,时间会自己管理自己。她还有一个两分钟法则:看到的事情,两分钟能做完的,都马上行动,及时清除。

也有人诟病李一诺的跨界办学。不懂教育,怎么就敢办学校?怎么能做好?

但同为麦肯锡出身的邱天却欣赏好友身上这份突破边界的勇气。在她看来,这种勇气有一部分是基于在麦肯锡的训练有素。在麦肯锡,客户花大价钱购买的咨询服务,一般都是用来解决棘手的项目。常年在麦肯锡工作的人,有一套解决问题的方法和迅速了解一个行业框架的能力。这让他们离开麦肯锡后能如鱼得水地进入各种行业,对行业的边界不太恐惧。

"现在如果让我去做校长,了解教育体系怎么回事,可能一两周,我就可以对这个领域有一个框架性的认识,这是麦肯锡给我们的训练"。即便如此,邱天也觉得李一诺胆子太大了。"我们做过好多项目,知道一个项目真正要成功实施,是需要抽丝剥茧不断往前推进的……在执行方案的过程当中,会不断地调整、摸索、领悟才能继续往前推"。

但邱天笃定:"一诺知道她自己选择的是条什么样的道路。"

"我们很怕的都是泯然众人。"李一诺的好友、大学时期的同学、同样履历开挂的科学家颜宁这样理解闺密的选择。至于为什么李一诺可以办成那么多事,颜宁的回答是一记反问:"你不觉得好多时候,都是人自己作茧自缚吗?"

这对好友的逻辑,几乎如出一辙。

茧

李一诺的茧,是30岁以后才破的。

此前,她是顺风顺水的学霸模式,从山东保送进清华大学生物系本科,又一路成了加州大学洛杉矶分校分子生物学博士,她是优等生,直到开启真正的选择:察觉自己对科研之外的真实世界的巨大好奇,博士毕业后入职了麦肯锡。

少数裔、毫无商科背景,比起跟她一起入职的MBA(Master of Business Administration:工商管理学硕士)毕业生们,28岁的李一诺,突然从一个"聪明能干的学霸"成了"啥都不行"的边缘人。

开会躲在一角,发言畏畏缩缩,别人讲的听不懂,每日担心自己会被炒掉,自信全线垮塌。这样的低谷一直持续到半年后,李一诺做的一个数据模型获得当时麦肯锡的一位全球副董事的当面夸奖。

来自他人的认可,成了李一诺建立自信的开始,也是她在麦肯锡的重要转折点。她开始领略做咨询与做科研的相似之处:把复杂问题简单化,看到核心问题在哪儿。以及,也开始觉察到性别文化下女性的短板正是自己的限制。

比如,女性不敢发出自己的声音,以及不愿去做那个扭转大局的人。而男人呢,"我来了就要有个声音有个观点,哪怕是胡说八道"。

女性似乎很不容易站出来发出自己的主张。"你是谁呀?你凭什么呀?"李一诺描述着一度扎根在她脑海里的声音。她把这种耻感总结为——你太在乎你自己了。

一次,李一诺的职场教练问她:"你是不是任何时候都觉得自己非常特别?"她说:"的确是,我一直觉得我挺特别的,你看就我成绩好,就我能把这事说清楚……"教练告诉她,这种强化自我一方面能给人带去信心,另一方面也能陷害人,因为这会让人觉得,什么事都是关于我的,成了是我,不成也是因为我。

"女性是很不容易'放下脸面'的,非常容易自我怀疑……我们特别害怕被评判。"在她看来,"放下脸面"是一个境界,不再在意自己,在意的是事情能不能成,只要事情值得做,自己的姿势不好看没关系。一旦突破了这个阶段,女性的光环就慢慢显示出来了。

参选合伙人是她麦肯锡生涯中的另一重要转折点。

当时，已经做到了全球副董事的李一诺遇上了一个她特别讨厌的同事，那人"傲慢、做一说十、时常不兑现承诺"，级别还在她之上，给她发号施令。"就想我不干了，我为什么跟这种人在一块呢，浪费我的时间，浪费我的生命"。另一位比她早一年进入麦肯锡的女同事问她："一诺，你是不是觉得你做的东西或者你做的选择就是对的？你要想让你认为对的东西能被执行，那只有你自己当领导。"

这些对李一诺有极大的触动，她意识到，她需要"赢"，想赢。而之前，她不过是"想被认可"。她花了大量的时间来适应自己的野心勃勃。从不大敢公开讲自己想成为合伙人，转变成主动去找所有合作过的同事聊，去获得他们的支持（麦肯锡的全球合伙人的评价机制是，公司会委派一位与申请人无任何接触的资深合伙人做甄选者，他会寻找申请人过去三年里共事过的同事听取反馈，最后形成一个综合意见）。

聊着聊着，李一诺觉察到，这种"想要就要"的自我暴露反而让自己更真实了，"承认自己不够好，这就是我，真实地去跟别人讲我现在的想法，我擅长什么，我享受什么"。

2011年，34岁的李一诺成了麦肯锡的全球合伙人。她告别了6年前那个藏得严严实实的自己。

更进一步站出来则是在3年后。2014年的除夕前一天，正怀着老三的李一诺看到身边的年轻人被所谓市井经验误导着：当时家里亲戚的小孩找工作，跟她聊起来找工作的方法，说起市面上一堆不靠谱的面试指南，端着装着，表面花招；当时她的一个清华生物系毕业的师妹，跟她说，自己现在就是想去当一个中学的生物老师，为啥呀，因为有户口。

李一诺被先生华章撺掇着开了公号。从面试的学问写起，她开始了自己的输出。不仅自己写，还邀请了身边一众麦肯锡的朋友们写。这一写就没停下来。

邱天是最早一批"奴隶社会"撰稿人之一。她们活跃在一个三四十人的群里，一半以上是麦肯锡的同事。在这期间，她才和李一诺渐渐熟络了起来。邱天发现，李一诺对稿件的甄选范围比她宽，有些她不喜欢的稿件，李一诺却可以欣赏其中的好。"她并不笨，她可能也看到了这个观点的不足之处，但她包容。她能够看到这里面的美和力量，看到这个作者的独立思考，也容易打心眼里被那些作者和文章感动"。

邱天觉得，聪明人容易看到系统当中的很多问题，也容易变得傲慢，李一诺却不。

砸墙者

盖茨基金会北京办事处，即将迎来一位新任首席代表。当时办事处的很多人存疑，李一诺才三十几岁，这么年轻，她行不行？

2015年，李一诺降薪2/3，从麦肯锡跳到了盖茨基金会，像是一场"职业自杀"。但李一诺知道，她追求的不是钱，也并不甘心于只解决商业上的问题。她的野心更大,渴望参与解决更大的社会问题。

在李一诺第一次见到比尔·盖茨并与他长达两个小时的对谈中,盖茨说的一句话格外打动李一诺:"他开始关注生意以外的事情之后,发现在解决全球维度至关重要的问题上,存在的空白是巨大的"。

这是一份面临更多复杂问题的工作。首先,盖茨基金会工作的核心是解决更大的、更复杂的、着眼全球的问题,包括支持中国加快实现自身一些重大健康和发展领域的目标和进程,如公共卫生领域结核病和艾滋病防控、控烟等;以及支持中国成为推动全球健康和发展的强有力的合作伙伴——这只是摆在明面上的复杂。

更棘手的暗流是,西方对于中国的刻板理解。入职后,李一诺发现大家对在中国工作有许多误解、担心和压力。在盖茨基金会的高层里,除了她和中国办公室,中国人和中国的声音很少,大家对于中国的理解基本来自于西方媒体的报道。

比如,盖茨基金会的一大块业务是推进全球农业发展。"我说你们既然要解决农业问题,靠农业脱贫,而且是以小农户为主的脱贫方式,为什么没有人去看中国的模式呢?"当时就有一个人说:"我们不看中国的模式,因为中国不合适。"我说:"为什么中国不合适呢?"他说:"因为中国的国情不一样。"

李一诺带领盖茨基金会北京代表处,花了9个月的时间做战略,分了四大块,第一块就是讲中国的农业——用英语,用他们能听得懂的方式去分析中国的历次农业改革。

"写东西,让大家了解真实的中国。讲中国,用他们听得懂的语言,安排他们尊敬的人讲"。她开始策划一个 Get Smart on China(聪明看中国)系列,邮件群发给盖茨基金会中国以外的同事,每两周一发。春运、微信、摩拜、中国的教育……都被她写入其中。

这种行动力,让余进拍案叫绝。余进也是前麦肯锡全球合伙人,在"奴隶社会"公号中,她写文章分析:"很多精英素质都是精益求精、追求极致的……如果觉得不够超级标准不一炮打响,索性不做。这种想法带来的决定反而制约了行动力。"而李一诺是"想到就做到,从能做到的先开始"。

近三年来,可以说李一诺的成绩斐然:基金会北京办事处的核心预算涨了四倍,开始了支持中国扶贫、支持中国药监局改革、中国农业经验支持非洲发展等新的大项目,还有更多西雅图的项目团队将中国纳入自己的核心战略,希望借鉴中国的发展经验来实现全球项目目标。更有意思的是,Get Smart on China 系列出现了跟风版,比如,印度办事处搞了一个 Insight India(认识印度)。

不受限于完美主义,想到就做到,在《人物》记者的采访中,不止一个人提到李一诺的这个特质。李一诺的前同事、好友 Shine 记得,一次回到北京,李一诺和她临时约了一场公园野餐。这天晚上两人都忙到很晚,Shine 担心来不及准备,李一诺说:"别担心,我都有。"Shine 寻思着,怎么着也该有水果吧?也许还会有一个野餐垫。第二天,Shine 眼见着李一诺在家门口包子铺里买了三十来个包子,当时就懵了。"这感觉很不一样。你能看见她在里面释放出来的自由度。"Shine 说。

李一诺自己的经验是:"人类社会,最擅长做的就是建墙。"

如何做一个砸墙者？"从人开始。意识到不管多么吓人的名头，后面都是一个真实的人，认识他们，了解他们的世界，聊聊天，从他们的角度看墙，以及共赢——我的成功不意味着你的失败，不必零和。砸了墙不仅帮助我，也帮助你，所以我们一块玩。"

这样的信念和方法论是鼓舞人的。美国人 Kathleen 是盖茨基金会北京办事处的战略副主任，她说："一诺走在我们的前面，我们希望能跟上她。因为我们真的相信，我们可以改变些什么。"

The one（那一个）

结束了朝阳公园的暴走后，天色已暗，采访继续。李一诺这才盘着腿坐在了家里的沙发上。她和华章没买房，住的地方是租的。

李一诺家里的一层，基本上成了半公共空间，承担着会客厅、一土学校管理团队的会议室等各种功能。蓝色的氢气球们飘浮在一侧屋顶，就像是刚刚结束了一场派对。门口的鞋柜处，往往白天挤着一地各式各样的鞋，到了晚上，鞋随他们的主人离开了，这一带才清爽了起来。

下午 5 点多，孩子们放学回来了。三只生猛的小兽挨个儿扑进李一诺怀里，最小的妹妹更是赖着不走，还在妈妈腿上荡起了秋千。

2016 年，当从美国回到北京的李一诺决定办一土学校时，邱天震惊极了："在中国办学校是超级难的一件事，一定会克服很多困难。

教育这是多么大的责任。"

颜宁却不怎么惊讶："当时已经有端倪了，她要给自己的小孩找一所合适的学校。曾经有一段时间她有一点点小焦虑，说她的孩子怎么办，她有三个孩子。"

"把自己欣赏的一种模式实施出来，很典型的一诺。"颜宁说。

2015年风靡硅谷的新型小学AltSchool（艺术学校）刚出现的时候，李一诺和华章两口子立刻就给大儿子安迪报了名。那年12月底，两口子还去了加州参观了可汗实验学院，900平方米大，50多个孩子，7个老师。学校介绍的第一句话就打动了李一诺"可汗实验学校的建立是基于这样一种信念，年轻人的能力远远超过了当今社会的认识。"

比起到处弥漫着的一种所谓为了孩子前途的焦虑情绪，远远偏离了教育的本质的一些学校，可汗实验学校的信仰太清澈宜人了。

作为互联网领域的持续创业者，华章早已思考过AltSchool的模式。他怂恿妻子："一诺是做管理咨询的，我是做互联网的，我们家一次提供两个，这就容易了很多。从商业竞争的角度来讲，就是创业，我们就缺一个懂教育的。然后我们这三个人的组合，别人是很难凑出来的。"再加上"奴隶社会"当时的40万粉丝，用户基础也有了。

李一诺动了心思。

是要迎合所谓焦虑的心态，还是跳出来，重新来看教育的本质，他们选择了后者，绝不能把学校当一个典型的生意来做，而是要做成社会创新的项目,这也意味着,做高品质的教育,但不把教育当成赚钱的工具。

"钱呢?证呢?学籍呢?地方呢?老师呢?学生呢?这我都明白,也想过。不过还是做了决定要做这件事。"李一诺边说边轻松地笑了起来,"说实话就跟怀了一个非常不安分的想法一样,我当时很紧张,因为没干过。就好像今天咱俩决定去做登月火箭一样,觉得这事儿挺不靠谱的。"

2016年4月1日,愚人节,李一诺在"奴隶社会"上发了一篇《你也为孩子上学发愁吗?》,将自己办校的决定广而告之。仅预览版,阅读量就有小一万。文章正式推送后,"哗啦哗啦哗啦",李一诺形容着,八百多封反馈邮件就来了。就像做一个高效的项目管理,李一诺记得那段日子没日没夜的忙着筹办一土的微信群。"真是24小时,哗啦哗啦干活"。

一边做盖茨基金会的工作,一边运筹一土。从0到1,他们花了170天。2016年9月1日,一土学校开学了,开学典礼选在了故宫的文渊阁。"然后真起来了呢,逗吧!"

也是一通砸墙的过程。李一诺不想把学校做成孤岛,而是做以学校为中心的教育生态,"让很多原来和教育不沾边的资源能投入到基础教育来,能有体制内、体制外、教育、管理、技术、互联网这些领域的人和资源良性互动,得到1+1大于N的效果"。

一年多下来,一土的学生从三十来个变成了一百多个。一土还将教师培训作为产品,卖给了为北京市公立教师做培训的北京教育学校。2017年在四个区县新入职的1200个新老师参加了一土设计的教师培训。

有时，李一诺会像个男人一样吹嘘，绝不谦虚"牛津的教育学里边全是一土粉！"谈一土的愿景时也野心勃勃，"将一土做成教育界的麦肯锡！"但她也不怕露出自己女性柔软和脆弱的一面，"为资质和场地发愁，那真是愁，这张照片是以前为学校发愁，早上起来突然发现眉心出了一道血印，真是装都装不了"；甚至偶尔都不掩自己的悲观，"一土倒地的那一天，大家不妨预测一下会是什么时候"。

"变成网红挺好的。"李一诺对《人物》记者表达过。好友Shine 也和李一诺聊天讨论过，如果非从财富、权力和名声里挑一个放在她身上，肯定选名声。李一诺同意。"她坦坦荡荡承认的时候，我一点也不意外。"Shine 说。

"你非要让我在这里面选，肯定追求名，但并不是说我想有名，你明白吗？"对于这一点，李一诺直截了当地说，"因为我觉得影响力对做成一件事是最有用的资本。"

影响力是工具，甚至她自己都是成就一件事的工具。李一诺时刻提醒自己远离这种叙事模式"做成一件事，是因为做事的人有眼光、有魄力、有能力、有资源、有领导力。这些也许都对，但又都不是根本。这种叙事模式的假设，是'我'很重要，因为'我'这件事才能做成。"她更认可的是："做成一件事，其实首先因为这件事是一件对的事，所以如果不是甲做，也会有乙做。不是我做，也会有别人来做。我们如果有机会做这件事，是因为我们恰巧在某个时间某个情境碰到了这个机会，来成为做成这件事的'工具'。"

在 Shine 眼里，多年过去，李一诺变化之一是，她的自我变小了，她比以前更低调、更谦逊。"早年的时候还是有，不管是故意的还是不经意透露的，还是有一种很'秀'的感觉，什么事情先说，先把标签打出来对吧——三个娃的妈、麦肯锡合伙人、加州大学洛杉矶分校的 PHD。对自己得到关注和肯定和对光环的那种需要，这个东西在这几年我会认为它在缩小"。

但也恰恰因为自我的缩小，她反倒在某种更开阔的意义上完成了自我成就在颜宁看来，因为一土，李一诺成了独一无二的 the one。"她如果去做一个合伙人，去做麦肯锡。拜托，世界上四大咨询公司，合伙人合起来好几千呢，你只是他们中的一个。那她做这件事情，她就是他们中不一样的，对吧，我觉得其实大家可能骨子里都是有点追求。"

Role model（榜样）

她有气场，又没有气场。她野心勃勃，但又不咄咄逼人。采访过程中，总能轻易收获到关于李一诺的这类评价。归根到底，她善于理解人，亲近人，更善于让人感到舒适。她打翻了传统观念里"强大女性必然不近人情"的刻板印象，甚至，你干脆不愿把女强人这种字眼安在她身上。

在一次盖茨基金会北京办事处的高层会议上，因为观点分歧，Alex 和李一诺激烈地争吵了起来。Alex 是盖茨基金会北京办事处负责健康项目的副主任,李一诺从麦肯锡挖来的。

"我知道问题所在,我们不太适合这样做!"

"我不同意,我们应该!……"

"你没有听我的想法?" 李一诺打断了Alex。

"一诺,闭嘴,让我说完!"

这场伴随着拍桌子的高分贝争吵,以李一诺的闭嘴结束。她听完了Alex的想法,隔天又跟他去做了实地验证,最终她承认自己的想法是错的。

"我觉得有这个信任基础,你尊重对方,才愿意去跟他争论得那么厉害。我不担心因为我们吵了以后,他对于我有会什么坏的影响。"Alex说。但他有时会担心,李一诺同时做的事情太多了,他会直接跟李一诺讲:"你可以慢慢下来,缓一缓,再上去。"

李一诺不想制造明显的上下级关系,而是强调每个人的心理安全感。

每一年,她都要和自己的员工一一谈话,倾听他们的想法和需要。这不是制度上的规定,而是她自己的做法。高级新闻官李光提到一件往事。2016年9月,盖茨基金会在纽约有一场大型活动,之后安排了李一诺去当地的一家电视台接受专访。李光打了Uber(美国科技公司,打车应用Uber开发商),但填错了地址,原本只需要5分钟到10分钟的车程,车兜兜转转开了四五十分钟才到。因为自己的失误而耽误了这么多时间,李光尴尬极了。而李一诺没责备他，还用了一句话安抚他："访谈长了有长了的做法，短了有短的做法。"

李光告诉李一诺，那句话对他来说非常重要。李一诺已经不记得自己说了什么，但听到李光说这个事，"哎，我还挺感动的"。

Appreciate（感激、感动），在采访中，这个词从她嘴里高频出现。在她分析自己何以成为现在的李一诺的过程中，她屡次提及来自他人的善意和力量。

最感激的，还是她的母亲李莲娜。母亲是她的"role model"，从价值观到思维方式，母亲对她影响最大。

李一诺的母亲是个"女强人"，40岁不到就在3000多人的化工厂做总工程师，副厂长，也是那里第一个女总工程师。有理想、有担当，这是母亲对李一诺最大的影响。

李一诺印象最深的一件事，是一次化工厂出事故大爆炸。"听我妈的同事说，所有人都往外跑，唯有我妈朝着爆炸现场往里跑。我后来问我妈：'你不怕死吗？'我妈说：'那时候就一个想法，我是搞技术的，出了这么大事故，我不去看谁去看？'"

李一诺母亲38岁时和丈夫亲离了婚，但李一诺从未看到妈妈真正低落过，而是记得，妈妈最爱挂在嘴边的话是："都已经这样了，想办法呗。"母亲这种对待失败的态度，也是李一诺后来心理"强大"的一块基石。

而母亲在她记忆里的一个最深的瞬间，其实是一件小事。

李一诺刚上清华那会儿,和很多刚进清华的学生一样,每天早出晚归,压力巨大。母亲去看她,看她愁眉苦脸、压力重重的样子,最后说了一句李一诺至今都记得的话:"哎,去它的吧,走,咱俩出去玩玩,放松放松。"

那个周末,校园之外,10块钱一斤的猕猴桃、遥远的天坛、小个子妈妈骑着有点够不到脚蹬的自行车的一幕,成为李一诺清华时光的一个大亮点。

在母亲李莲娜的讲述中,母女之间的故事有另外一番细节。女儿想得多,经常问她一些她都没想过的事。

李莲娜记得,李一诺上中学时,一天回到家就在屋里哭,叫她吃饭的时候都还在哭。"到底哭什么?"李一诺说:"妈,你看,老师在课上讲的东西,和走出校门以后看到的东西,差别太大了。"她说:"你看,我们改变社会,就像蚂蚁啃骨头,但是要社会改变我们,就像骨头砸蚂蚁一样。"

想了想女儿的困惑,李莲娜给出的答案是:"丹丹(李一诺小名),其实呢,大环境我们改变不了,但是我们能创造小环境。你看,这是一个房间,外面下着大雪,我们在屋里生一个炉子,屋里就会暖和。"

上大学后,李一诺跟李莲娜说,原来她拼命努力是为了进一个好初中,进一个好高中,进中国最好的大学,现在她进来了,却突然失去目标了。"那么,妈妈,你说人活着为什么呢?"

人活着为什么?李莲娜哪有空想。"说老实话,我活着真是为了别人，为了工作，每天都有做不完的事。她这么一说，我就在想，人活着为什么？"李莲娜一边想，一边给了女儿一个朴素的答案："人活着，就和动物不一样……你一旦来到这个世上，你一旦长成了一个人，你就得为你周围的事情负责任。"

总之，女儿有病时，她有药。目睹了李一诺这么多年做的事，李莲娜说了几次"我觉得我女儿真的挺好的"。

李莲娜也知道女儿的难。每当李一诺被人评价说办学是为了赚钱或家里若干个阿姨围着转时，李莲娜总担心李一诺会去反驳，偶尔她发微信嘱咐："别人爱怎么想就怎么想，我们不是为他做人；我们是为我们自己做人。"

李一诺回她："妈，我不会的。"李莲娜放心了。她知道，女儿真的已经是个大女人了。

马可：衣以载道

○
○
○

采访 | 张卓

衣者汉宫织者谁？一个叫马可的服装设计师，厌倦了此前令她成名的流水线成衣，一心只想制作真正亲手做的衣裳。事实上，无论是做定制服装还是挖掘贵州乡村妇女的传统手工艺，这都是她试图衣以载道的尝试。马可正在做的更像一个道德项目，并在这个项目中输入她自己认为是正能量的价值观。

只想做与时尚无关的真正的衣服

"我不在服装圈里混,也不在艺术圈里混,我不属于任何圈子。"马可对《人物》记者强调。她不看秀,不逛街,甚至连时尚杂志也懒得翻。以惜字如金的态度,她谨慎对待媒体,极少接受采访,深居简出,对出镜持有常人难解的抗拒,即便在"例外"15 周年的庆典活动上,身为品牌缔造者的她也没有出席。很多曾在"例外"工作的员工对她也接触甚少,她的办公室大门似乎永远紧闭。"她就在里面做设计,很少出来,也讨厌被打扰"。一位不愿具名的前"例外"员工回忆,在"例外"工作 3 年,他只见过马可一两次。

唯一的"意外"是 2007 年贾樟柯拍摄的纪录片《无用》,镜头记录了马可第一次参加巴黎时装周的经过。在这之后,贾樟柯又找到马可,希望补录一些关于她的镜头,"原来你是在拍电影啊",马可如梦方醒,她一直以为,贾樟柯只是在拍摄一些内部留底资料而已。4 个月后,《无用》获得了威尼斯电影节最佳纪录片奖,评委会赞誉这部纪录片关注消费时代服装业表象下,中国各类人群的生存状态,马可作为贾樟柯的女主角勾连起整个中国社会的全貌。

"没有贾樟柯那电影之前,没有任何人能认出我,我好开心啊,我到哪里去都可以,随便怎么样都行"。有一年 7 月的一天,马可在北京坐地铁,一个年轻的男生凑上来,怯生生地问:"您是马可吗？"她点点头——有时她会否认，然后迅速走掉。男生很惊讶："真没想到啊，你也会坐地铁啊？""那你觉得我应该坐什么呢？""反正你不应该是坐地铁的。"

"然后我就告诉他，我坐，而且我经常坐。"马可笑着回忆，那天她从兜里掏出公交一卡通，"你看我还有月票呢。"

媒体很难和她约到采访，只能写各式各样的专栏填版。薄荷糯米葱中国设计师店投资人洪晃为《纽约时报》撰写的文章，回忆上次见马可还是在6年前的巴黎时装周，马可也没接受她的采访，洪晃"赌气"般地写下："马可的名言是：你吃鸡蛋非得见下蛋的老母鸡吗？"

马可罕见地在公开场合谈论此事，是在接受母校苏州大学聘请她成为兼职教授的受聘仪式后为学生做的一场内部讲座上。马可谈道，与成为成功人士相比，她更喜欢安静的生活，白天工作和照顾女儿，晚上读书、学习。最后，马可提醒同学们，做设计要"关起嘴巴、打开心灵"。

马可的大学老师皇甫菊含告诉《人物》记者，曾有3家企业找到她希望和马可合作，"她都让我婉言拒绝了"。

马可在珠海城边的工作室还是被一些人发现了。一个从北京来的男孩在门口守了3天，希望能为马可工作，还有慕名而来的粉丝恳求留下做义工，虽然并不知道能做些什么，或仅是"见马老师一面"。那几个月，马可不得不从工作室的后门偷偷溜回家，躲避守在门口的媒体的"长枪短炮"。"我就是怕出名，没有别的目的，因为一旦成为名人，你就没有自由了"。有一年9月底的一个傍晚，马可坐在工作室的会客厅接受了《人物》的第三次采访。这是一间几乎没有任何装修痕迹的空间，灰色方砖地面，由几块老木板拼接的桌椅，桌面坑洼不平，细缝处隐约可见两三团青黑色的苔藓。父母问："你怎么不搞一个天花板吊顶呀？你看人家弄个天花板，多漂亮啊！""你说，我能听吗？我就不是那种审美啊。"马可呵呵笑着。此时的珠海，刚入初秋，天气不那么闷热了，马可穿了一条白色亚麻连衣裙，身材瘦削，麻花辫，脸上偶尔流露出小女孩的羞怯。

无用工作室出品的都是纯天然的手工制作，她从偏远的西南山区请来了一些掌握传统女红技术的手工艺人。马可的设计从手织布的组织纹样开始再到手工缝制和植物染色。虽然缓慢，但令人身心愉悦。她厌倦了此前令她成名的流水线成衣，她只想制作真正的手工做的衣裳，那些服务于人们的日常生活、为了真实地面对自己的内心，而不是向外界"炫耀或者建立某一种形象"的生活必需之物。

云门舞集创办者林怀民非常欣赏马可的设计，邀请她为新作设计演出服装。"她在意的是布料跟身体间的空间。"林怀民接受《人物》记者采访时谈道，当他的舞者穿上马可设计的衣服时，与空气、风来来去去形成一种奇妙感，一位性格急躁的舞者竟然可以很好地做出此前并不擅长的慢动作。"这么多年来，在西方时装的影响下，一是它价格昂贵，第二是一定要瘦得皮包骨穿它你才能算是赶上流行。"林怀民说，"马可的衣服任何身材都可以穿，所以为了穿那些昂贵的衣服，要把自己瘦得生不如死的样子，不晓得在干吗，我想这个是走歪了。"

林怀民初见马可是在澳门，他们一起观看越南裔编舞家的舞团表演。舞者是一群真正的越南农妇，马可兴奋得不行。演出结束后跑去后台跟老人们聊天，语言不通，指手画脚，直到老人们表示要回旅馆了，她才放她们走。"这很滑稽。"林怀民半开玩笑地说，"我就是比较不一样，我会觉得我很喜欢她们，然后讲几句话，我就去睡觉了，马可没有，勇往直前。"

"勇者"马可付诸实践之事是将"无用"投入市场。2014年9月9日，她在北京城中心一个创意园区举办了国内首次无用作品发布会，同时宣布北京无用生活空间正式开幕。表演在一个露天天台上，充满浓郁的仪式感，一位台湾地区的民歌手唱响序曲，33个高矮胖瘦不一的表演者，黑人、白人、老人、小孩穿着粗布麻衣，缓缓踱进舞台。

表演者围拢在一起，踏着简单的舞步，整齐地用脚跺踩地面，地板上的玻璃烛台在抖动中发出越来越强烈的节奏声。马可流泪了，事后她解释说，现代社会强调个性和自我，她却从这支舞里看到了祖先们赖以生存的根基，那种群体协作的共性永远超越个体差异的强大。"这是还保留着原生态生活方式的各地民族共通的东西，人们聚在一起，手拉着手，头顶苍天，脚踩大地，只要不断重复着简单的动作，就能够给彼此带来内心的感动和幸福，我们还要什么呢？"演出后，好几位演员告诉马可，他们一边流泪一边完成了演出。

演出结尾，两位老人带领着一队人向一个方向走远，他们回家了，灯光熄灭，沉浸在黑暗中的嘉宾一时还回不过神来，没有通常时装秀完毕的鲜花和掌声，大家在沉默中被指引着来到楼下的广场，铁锈色的小剧场幕墙上打出"无用回家"4个字，一束暖色灯光洒在马可身上，她一袭暗红色麻布长衫，用轻微的声音感谢一连串的人。"我什么都不想说了。"两周后，她对记者说，本来想解释无用到底是什么，但那一刻，她觉得语言太苍白，她想说的一切都尽在演出中了。

无用到底要做什么？在一篇写于2007年的文章《我对服装设计师身份的认识》中，她给出答案："我不满足于服装在生活中的实用性和装饰性，我深信最伟大的最高尚的创作动机应该是出于'关心人'，对'人'本身的终极关怀——关心人的情感、关心人的精神世界。这种关心包含了爱，但比爱更为宽广，更无条件。"

为中国手工艺开辟一条高端之路

无用开幕两周后，马可的朋友、法国人马丁·勒何波尔（Marine Leherpeur）专程来北京参观无用空间，她是一名往返于中法之间的资深时尚顾问。2008年看过马可在巴黎的发布后，"立马就爱上了"手工制的衣服，"那时候我已经在时尚领域工作了近40年，但是我问我自己，什么是时尚？她就在这个时候到来了"。自20世纪70年代末期就开始在中国行走的马丁，着迷于淳朴自然的中国乡村田野，而马可代表的正是她喜欢的，一个"真实而美好的东方古国"。

无用在北京的空间约1000平方米，近6米的挑高被分割为两层：粗糙斑驳的老旧木地板，昏黄幽深的灯光布景，整体设计完全是现代生活的反面，让人恍然步入儿时遥远的记忆中。主人居室的茶杯，儿童间的木马，书房的铜质眼镜盒……为了保持这种奇妙的氛围，无用分时段向有限人数开放，来无用做客需要提前电话或邮件预约。没有一般意义上的导购，没有打折季，没有VIP卡，马可压根就不允许员工推销产品，她认为一个人只需要一年四季的几件衣服就足够了，所以店员在这里叫"'无用'生活顾问"，除了在幽深巷道里引领你"回家",同时也负责讲述物品背后的故事。

有些故事是马可的亲身经历。她曾经参加过一个为期4天的论坛,除了她的一位同学,起初并没有人知道她是位著名设计师。但4天里,与会者都按约定俗成的惯例每天换衣,只有她始终身穿同一件春秋季的外套,最后一天,当众人得知她就是马可时惊讶地问她:你作为时装设计师怎么不遵从每天换衣的惯例呢?马可反问:"你们每天换下来的衣服都会洗吗?"众人曰否。马可说:"衣服穿脏了才有必要洗,只要还干净就没有必要每天换衣,为什么要去遵从这种为了他人评价而自我设限的规定呢?再说,衣服洗得太勤要用掉多少水啊,衣服的寿命也会减少啊。一切应以适度为好。"

这一天,马丁的生活顾问正是马可本人。走进"卧室"后,马丁看中一条暗橙色的麻质中式上衣,马可介绍说,这件衣服叫"玉"——每件产品都有名字,马可起的。马丁又拿起一条叫"疏"的裤子和一件衬衫,她等不及找到试衣间就立刻脱掉外衣把"玉"穿在身上。她回忆起5年前,马可曾送给她一件长裙,用丝绸和棉布做的。"那是我最喜欢的一件衣服,我晚上出去的时候经常穿……它都没什么变化,越老越好看。"

马丁最后买下中式上衣,7300元,但她不能马上拿走。为避免库存和不必要的浪费,无用奉行客人有需求再下单制作,一般要等上一两个月,如果天气不好,或者一些植物染料短缺,也许时间还会更长。"你知道有一个人在为你而做,这给予那个东西更多的意义。"马丁表示这样的等待是值得的,"我们的社会太快了,你买,你消费,然后扔掉,尤其是在中国。而这里就完全相反,差不多就是期待着与那件为你而生的东西的初次相逢。"

无用空间最便宜的产品是茶籽粉，10 块钱一斤，用来清洗碗碟，是化学洗洁精最好的天然替代品。其余大部分标价数千或万元以上。开张后很快有人评论质疑，推崇节制的马可生产的是一种"超奢侈品"，这本身存在一种矛盾。面对批评，马可显得有些激动："一件手织布的衣服从织布算起需要做 3 个月；一条床单 4 条缝，内衬两种不同缝法，耗费 3 天工时，时间难道不是最奢侈的吗？手工的价格就不应该低，粗制滥造的廉价品恰好是让手工艺迅速消亡的直接原因。"马可希望为中国传统手工艺开辟一条高端之路，"买件数万元的名牌手袋眼都不眨,但一件耗时数日的手工床单却会嫌贵？手工艺人用心缝制的衣物已经远远超过其本身的功能性，它们是可以传世的艺术品，一个家庭血脉相连的回忆录！"

为产品定价前，一些无用的员工认为价格应该定得更高，马可坚持做合理的定价，并不会一律向国际一线大牌看齐。作为一家社会企业，无用不以赢利为首要目标，但是为了维持自我造血能力，以便日后有足够的资金持续投入扶持发展民间手工艺，赢利也是必需的。

"我觉得马可很勇敢，她在创造一种新的服装销售模式"。接受《人物》邮件采访时，著名时尚媒体人洪晃表示愿意做马可的客户，一件香奈儿的外套 5 万元左右，按此逻辑，中国市场也应该接受无用。"中国的服装市场太两极分化，要么就是淘宝上那些便宜得不得了的，要么就是价格高得吓人的，我很高兴马可进入中国高价格服装的服务市场，因为这个市场至今被国外品牌占领着，能有一个中国品牌，特别是马可做的，这是好消息。"

我也没有别的路可走了

20世纪70年代的东北,距离长春约6小时火车车程的乡下,马可对农耕生活的敬意和眷恋全部来源于此,每年寒暑假,妈妈都会带着她住到姥姥家、上山采蘑菇、采榛子、收玉米、起地瓜、给羊挤奶、看牛生崽。艰苦的乡间劳作让马可感到特别开心。

记忆中母亲在缝纫机前为马可和两个姐姐缝制衣服的身影也冥冥中决定了她高考时的专业选择。"说句实在话,我没觉得我妈做的衣服好看"。30年后马可坦言,那些衣服并不合身,为了穿得更久,常常比她的实际尺码宽大很多。

马可大学就读于苏州丝绸工学院(现已改名苏州大学)。20世纪80年代末期,中国"七五"计划将纺织服装行业列为重点发展的行业之一,时尚业和成衣制造业被推至战略高度,高校陆续成立相关专业。1989年,苏州丝绸工学院建立全国首届服装设计兼表演专业,但课程设置更偏重时装表演,设计课的课时非常少。

马可对成为模特毫无兴趣,"人们对你的身材和长相品头论足,这一切让我感觉太难受了"。若干年后,作为这所大学最成功的毕业生回到母校,马可曾指着一间教室告诉大学老师,在校时她就坐在这里,翻遍图书馆所有的设计资料,"然后自己写笔记,自己去思考,学得挺吃力的"。

大学毕业那天,马可步出校门,抬头仰望学校的牌匾,问自己,你知道什么是设计了吗?"心里的回答响亮:不知道!然后我就扭头告别了我的大学时代。"

与大部分 20 世纪 90 年代初的服装设计专业毕业生一样，马可进入广州一家制衣公司，做"一点"小设计和给各部门帮忙。次年，被心中的品牌梦想督促着，马可找到另一家有意创建一个原创品牌的服装企业，总经理许诺很快会成立新品牌，但是为了筹集创牌的资金，公司得先做些制服设计，马可接受了。20 世纪 90 年代的珠江三角洲，工厂流水线 24 小时嗡嗡作响，大批来自西方的订单以及强大的内需拉动数以万计的私营制衣厂开工。马可设计的制服取得了客户的好评，公司的业绩日益攀升。一年后，马可追问老总何时可以开始"创牌"，他反问：你不觉得现在这样做制服也很好吗？"我都快气炸了，因为我就感觉好像被人骗了。"当场辞职后，她气得连当月的工资都没拿。

一个缺乏版权保护的行业需要的是不断抄袭外版的打版师，而不是马可这样的设计师。1994 年，一家老牌的香港公司为马可提供了一个设计职位，公司正计划从为国外品牌代工转型做品牌。马可参加了由日本企业赞助的第二届"兄弟杯"国际青年服装设计师大赛，从偶然在图书馆翻到的一组兵马俑照片里，她找到了灵感，接着用了两个月的时间在湖南农村完成了参赛作品《秦俑》，未来的设计风格似乎也发轫于此。制作《秦俑》的材料包括：缝制蚊帐的苎麻夏布、做鞋用的蜡绳和当地盛产的棕叶，"都是特别土的东西，全手工制作"。《秦俑》送到北京后，马可祈祷，千万不要是最差的，"我这个半路出家的土裁缝，设计基本全靠自学"。出人意料，她获得金奖，来自意大利的评委紧紧抱住她说：我太爱你了。《秦俑》为马可带来了她人生中第一次的出国机会，意大利的评委愿意为马可去意大利深造发展提供一切支援，马可感谢她的好意并告诉她"我不会离开中国"。

毛继鸿，马可的第一任丈夫，也是她在例外的合伙人，试图向《人物》记者总结马可对材质与生俱来的敏感，"有些人先画设计图，她可是用手去感受那个材料再去做东西，折折叠叠，然后弄一下，就会出来自己的样子"。

他记忆里清晰地保留着马可通宵达旦赶制衣服的画面，"有时苦到，她说流了一盆眼泪，最后作秀时，一星期都没睡，最后已经累倒了，都病了"。"兄弟杯"金奖给了马可极大的鼓励，"它让我相信我选设计这个专业至少是没有错的，我可以在这条路上一直走下去"。

1995年春天，香港公司的自有品牌启动了，作为设计总监，马可设计了100多套衣服，并在北京举办了她设计生涯中的第一场发布会，而后，又从中挑选出一部分参加首届中国十佳设计师评选并成为最年轻的获奖者。那年，她刚满24岁，一切在向更好的方向推进，她雄心勃勃，"只等公司一声令下，就将品牌推向市场"。

然而，从北京返回公司没多久，马可就听闻公司裁员近千人。那是1995年，拿不到出口配额使公司失去了大量的出口订单，老板说再等等，然后又一个月，再去问，还是等。3个月的等待煎熬后，新品牌的上市遥遥无期，马可的中国原创品牌之梦再次被现实击得粉碎。

三年三份工作，"对我来讲就是一个挺大的打击，想做一个中国原创品牌为什么这么难？"20世纪90年代，越来越多服装企业开始重视设计师，然而，设计只是生意的一部分，设计风格来自市场终端，这与马可的理念相距甚远。

一位老板曾给马可开出100万年薪,"我心里边好失望,在想他为什么要跟我谈这个。因为待遇不是我关注的事,重要的是我们要在一起做的事情"。见马可没吭声,老板又加重筹码,外加一辆林肯车。马可掉头就走,感觉自己就像一件被估价的商品。这一年里,她接连放弃了不少于10个待遇优渥的offer,因为没有一个企业能明白她想要的是什么。

广州芳村一栋廉租房顶楼,待业青年马可每天看书、养猫、给自己做饭,过着"颠三倒四"的日子。1996年南方盛夏,酷暑难熬,一天午睡半梦半醒之间,脑子里突然闪过一个声音:"马可,不能再等了,你只能靠自己。"她立刻跳起来给毛继鸿打电话:"我决定创牌了。"

在马可的描述中,这个神奇的时刻似乎蕴含某种运气。那一年,马可的金奖作品《秦俑》因为保管单位仓库失火,不慎被烧掉了,因祸得福,对方的15万赔偿金成为例外创牌的初始资金,马可和毛继鸿又外借了20万。第一批例外衣服寄卖在广州农林下路一间12平方米的小店,"做例外很奇怪的一件事情就是,前3年,我们的库存为零,当时店里面出现过好多次,就是顾客为了争抢一件衣服吵架"。马可说,即便1997年经济危机,服装业很不景气,但例外一家店的月销售额仍可达到十几万。

"我是被动创业,最不想做老板的人还是不得不做了老板。"在讲完例外诞生的故事后,马可自己都觉得太累了,她轻轻叹口气:"除了创牌,我也没有别的路可走了"。

要的不是一个商业品牌的成功

马可视衣服为信仰及理想的存在，而不仅仅是一份工作，"我最看重的是不管什么设计，始终是要为人服务的"。马可批评一些过于自我表现的设计师，使人变成承托衣服的模型。据说，马可从不使用模特，每一件设计都要亲自上身，她需要用身体充分感受衣服。为此，她的身材常年维持不变，方便穿进自己的中码设计。

马可有一双"入木三分"的眼睛。200种面料，1分钟辨别毫厘差别，挑出最需要的几块。无用工作室的平面设计师小周曾设计一款信封，马可立刻指出，一条线间距和其他不一样。小周拿尺子一量，大概有2毫米的误差。

一次工作室停电，马可突发奇想做了一个实验，黑暗中她逐个触摸一整架的面料并判断是哪种材质。来电后，正确率达到95%。"这可能就是天生的吧。"马可说。材料在她看来是有生命的，设计是通过调动所有的感官，"读懂它们是谁，再赋予它们一个恰如其分的形象"。

2004年秋天，马可决定在北京时装周发布2005年例外春夏新装，这场秀被她赋予例外品牌升级的战略意义，例外从平均单价600、700元提到1500元，"我之前一直压低着做，从心里来讲，特别压抑，店开多了……越来越多照顾大众口味——设计空间越来越小"。

这一决定遭到了公司高管和各地代理商的强烈反对。"改革没有循序渐进"。作为一个完美主义者，马可坚持如此，她的个性非常固执。

离服装秀还有两天,马可从广州飞到北京。之前的45天,她把铺盖搬到了办公室的沙发上,每天工作近20个小时,完成了100多套设计。北京一家巨大的工厂成为例外新装发布的秀场,马可的到来同时也带来压力。一次会议,马可看到秀场的空间设计模型,"她不说话,也不发表意见,但那个眼神就是'不行'"。一位不愿具名的例外前员工告诉记者,私下,大家称马可"关键时刻冒出来推翻一切的人"。根据这位例外前员工回忆,那场秀的筹备工作很快变得不可收拾,不断推翻修改重来,毋庸置疑,马可是一位值得尊敬的设计师,但她的严苛挑剔以及过于追求完美的个性常常让下属感到压力重重。一种极强的距离感,像"挂在墙上的图腾"。她毫不留情地指责一位高管,那个人已经非常累了,做完这场秀立刻辞职了。

演出结束后,现场观众起立鼓掌——前所未有的成功。马可在后台哭了,她抱住身边的一个女孩。一位男士提醒她:鼓鼓掌。她似乎没有力气了,仍然在埋头抽泣。

那几年,马可极度疲惫。一年四季,上百套的成衣设计,100多家专卖店的营业压力,"每天在办公室都是一溜小跑着"。她患上了严重的颈椎病,"你每年必须要做多少个款,20天就是一个循环,那就不是人过的日子"。如今回忆10年前的这场秀,马可说,那时她已经知道例外不再是她的未来,她要的不是一个品牌在商业上的成功,"内心五味杂陈交织在一起,不是语言可以形容,眷恋、失望、感动、沉重,一切都混合在里面"。

前些日子,一位许久不见的朋友表扬马可,脾气变好了,人也爱笑了。"我以前比较爱训人。"马可承认，在例外"比较凶"，情绪很差，2004年到2006年"是我最难受的时间"。

"她觉得商业上的事情其实让她挺累的，她觉得她是有压力的。她觉得那个东西并不能完全表达她自己，她应该要去迁就市场。"毛继鸿认为马可"其实是蛮反市场的一个人"。

根据一位例外前员工回忆，马可曾在一次会议上说，例外是一件和钱没关系的事情。一家投资机构曾希望入股例外，马可强烈反对："我都是斩钉截铁地，一秒钟都不用，就告诉毛继鸿，决不考虑，如果他们希望通过品牌去实现的目的跟我们的不一样，你干吗要去卖身呢？"

无论如何你开始吧

马可越发感到和时尚产业格格不入。2005年，她参观纽约时装周，看完几场秀，感到一阵反胃，跑到中央公园的草坪躺了两个小时，"后来我才意识到是看表演看吐了"。震耳欲聋的音乐，袒胸露乳、浓妆艳抹的模特，15厘米极细的高跟鞋，"我心里面特别悲哀，女人还不够美吗？人们为什么花这么多钱去制造这些折磨人的东西？时尚填满了人们的空虚和自我，让人们深陷于自恋而顾影自怜。自我之外更大的世界却视而不见……"

现代舞者侯莹那时曾在纽约和马可深谈，两人绕着百老汇大街走了一圈又一圈，累了坐在台阶上。侯莹回忆，那夜，路灯微亮，马可显得很痛苦，她无助地问，现在怎么办，例外已经满足不了我真正的精神需求了。

就在马可困顿不解的同时，2006 年，巴黎时装公会与中国服装协会成立了中法联合会，意图促成中国品牌走进巴黎。2001 年，中国加入 WTO，国际奢侈品牌正式入驻中国市场，一夜间，所有大型卖场一层被 LV、GUCCI 占领。"真正的狼来了。"毛继鸿说，"'中国制造'必须转向'中国创造'。"

此时，马可带着简单的行李离开已经生活了 14 年的广州，她把之前积累的近百件服装和数十双鞋子全部送给了亲朋好友，扔掉了所有的化妆品、香水，孤身来到珠海创建"无用设计工作室"。此前一段日子，她已无心成衣设计，行走在中国最偏远的山区寻找几近消失的手工艺。"她那种喜欢我是说不出，打比方说看人家绣花，她可以这样子蹲在人家旁边看着人家绣，蹲几个小时，然后自己跟着学。"跟随马可 10 多年的袁仰涵说。

巴黎高级时装公会前会长迪迪埃接受《人物》记者采访时回忆，2006 年夏天，他去珠海拜访了马可。马可向他展示了一些无用的设计，同时告诉他，之所以选择服装设计是因为那是唯一一个让她感到自由的领域。迪迪埃喜欢这些手工产品，于是向马可发出进驻巴黎时装周的邀约。

马可知道这个邀约意味着什么。她看过拍摄著名日本设计师山本耀司的纪录片《城市时装速记》，"当时导演文德斯问山本耀司一个问题，你现在每年都要来巴黎做两次发布，会不会觉得很辛苦，是不是每年这两次都一定要来，然后山本耀司就很肯定地说，对，当然，一定要来。然后他问为什么，为什么一定要来，山本耀司的回答是，如果你不来的话，大家就不记得你了。我就跟巴黎时装公会的主席讲，出于我对中国服装的一种责任感，我不会拒绝您的邀请，但是，我可以很清楚地告诉您，我不会一直在这里发布下去的，我只能做有感而发的设计"。迪迪埃沉默了一会儿说："无论如何，你开始吧。"

2007年，马可在无用建立后的第一个作品《土地》出现在巴黎一个有百年历史的中学室内篮球场里，没有T台，模特们如雕塑般屹立着，衣服又重又厚，布满尘土和破洞。"这是给天做的衣服。"马可解释说。

"她展示的不是时装，而是中国。"迪迪埃盛赞马可的巴黎首秀在中国时尚还不具备可信性时，贡献了独特的创新形象，成就等同于20世纪70年代闯入巴黎时装周的第一批日本设计师（川久保玲、山本耀司、三宅一生、高田贤三）。马可构建的中式气场既不像时装也不完全是纯艺术，迪迪埃形容更像是"一场爱情表白"，"我觉得20年后，人们还会谈起它"。

几乎是在《土地》发布会结束的同时，马可接到了巴黎高级定制时装周Haute Couture的邀请，Haute Couture作为世界时尚金字塔的顶尖，一贯以严苛烦琐的申请程序著称，目前全球仅有二十几个品牌被列入高定发布的名单中。2008年7月，马可带着新作《奢侈的清贫》重返巴黎，成为历史上第一个出现在巴黎高定名单中的中国设计师。40多个舞者缓缓步入巴黎小皇宫的林荫道；表演场地的另一端，来自中国的老织布机发出强烈的节奏声，纺纱女轻揉慢捻，指尖里抽出一根纤长的棉线。全球权威的时尚杂志《ECO FASHION TALK》评价马可发出了一个大胆的声音："站在中国廉价劳动力的、统一的大工厂制衣业的对立面,重新拾起被低估的手工艺,从本质上挑战了现代文化的服饰属性。"

"我们当时帮助她申请下来那个露天场地很麻烦"。赵倩对《人物》记者回忆,作为法国国际时装公会中国执行总监,她的工作是将中国品牌推向国际。"她不是设计师,一定要抛开这个概念,设计师的核心是服装,但是对于艺术家来讲,服装只是一个载体,她的思想是核心。"2007年赵倩曾去珠海看望马可,询问无用是什么。马可将答案写在纸上,大意是科技发展迅速,很多被抛弃的无用之物才是人类最珍贵的情感记忆,她想通过做这些"无用"的创作寻找人性中最本质的东西,那些人们内心深处最渴望的永恒不变的东西。"我不属于那种随便被煽情一下就会哭的人,她当时读完那个后触动了我心灵深处的东西,我没有大哭,是流泪了"。

巴黎的表演无疑是成功的,但却激发了马可的另一层矛盾:是做艺术家,还是手工艺品牌的宣导者?是选择独善其身,还是兼济天下?一次田野调查时,马可曾住在一户农家,为了给孩子和丈夫添件过年的新衣,女主人坐在织布机前劳作到深夜。"我在黑暗中听着隔壁织机发出的单调而有力的声音,心里特别感动,这声音曾经陪伴了人类数千年,这声音是母亲烙在儿女心头的记忆,也是女人无法言表的情感。"马可的眼圈红了,"所以我觉得这些东西都是我心里始终放不下的。"这些让马可挥之不去的记忆最终占据了上风,她明白这次出发就不可能回头。

2009年,马可辞去例外艺术指导的职务,全身心投入到无用的事业中。

"我要做大,她要做小,她要做精。"在接受《人物》记者采访时,毛继鸿回顾了当时两人的谈话，"刚创办例外时，她问我赚钱为什么，我说赚钱可以买自由，当时她提出来做无用的时候，我心里是这样想的，就是像她去采风的时候，我必须守住公司，对吧，我说至少我们两个人有一个人可以开始自由了。"

说到底这是你和上帝之间的事

吴阿姨来自贵州榕江县，无用工作室的一位女工。她的针线活做得又快又好，4个小时就能绣出一朵漂亮的六瓣花朵。她12岁学女红，全家老小的衣服都出自这双巧手。一个月前，她第一次来到北京，作为无用开幕式的表演者之一，坐在纺车旁"表演"纺线。这不是表演，就是她的日常生活，如此娴熟，以至于所有演员在演出开始前手忙脚乱地准备着，她一个人优哉游哉地靠在后台门口望天。

"马小姐啊，很好的人。"吴阿姨拖着重重的鼻音告诉记者，她的普通话非常不标准，"马小姐从不欺负人，对人很好。"之前，有老乡在浙江的塑胶厂打工，被老板骂死骂活，还因为恶劣的工作环境患了病。4年前，马可去吴阿姨的家乡看她绣花，问她愿不愿意来珠海，她就来了，小儿子马上要结婚了，家里需要很多钱。

吴阿姨一周上6天班，包吃包住，按工时算钱。她不知道"马小姐"是干什么的，"搞裙子的吧？"她疑惑地问，反正马小姐拿来任何样式的绣花，她一学就会。马小姐的裙子缝起来太费劲了，一条裙子16朵花,两个月才做完一条,比家乡的工艺更复杂。以前在家时,曾有游客想买她身上穿的衣服,她舍不得,"卖出去不划算。"她一边忙着手里的活,一边猜测,马小姐的裙子肯定卖给——"有钱人才穿那个衣服"。

陆陆续续,吴阿姨又带来一些老乡。"还有想过来的呢。想过来的有一些人我摸不着他们的心,我都不敢让他们来啊。"她拍拍胸口,带来的人必须能摸准六成心意,"人心好不好啊,多话不多话啊"。

一个周日,吴阿姨和4个同乡正在做"自己的活",小肚兜、女人的头花,她们平时休息,她们更喜欢待在宿舍,城市生活带给她们一种强烈的不适感,"说我们头发太长了,穿花衣服,街上人都看我们,我们在家都是穿这种啊"。每月工资,如果不寄回家,工作室的同事就帮忙存到银行里,她们不会使用银行卡。

生命的后半场,马可已经决定生活在这些贵州阿姨之中,从她的办公室走到缝制工坊用不上一分钟。有时周日,阿姨们会用从家乡带来的干辣椒和香料烧上一锅地道的酸汤鱼,她会和大家围坐在一起吃,吃到开心时还要阿姨们放开嗓子唱上两首。现在,马可的性格变得越发安静,连批评声都尽量温柔。

几年前,一个朋友拜访无用,带来一个商人,希望投资马可,马可立刻把他们请走了。"我就是那种黑白分明的,没有太多中间地带。"她这样描述自己对金钱的态度,并非抗拒资本,而是怀疑其后的目的,"独立的精神很重要"。无用现在的资金全靠她的个人积蓄,"精打细算"维持着。

任何人都只能在时代划定的区域和路线前进。在贾樟柯的《无用》里，马可的故事之后记录的是一个山西县城小裁缝的生活。许久以来，中国只有裁缝，设计师是时代的舶来品，作为中国服装产业接近30年的参与者，马可本可以足够成功，在日益崛起的商业力量推动下成为中国设计界山本耀司式的巨星。一个极具天赋又可能取得成功的人，却在时代潮流面前掉转船头，逆流而行。

"我不想谈服装了，觉得服装太窄了。"回应一些惋惜声，马可面色平淡，她做了一个比喻，一位眼科医生转型做了中医，难道人们会遗憾他没能成为最顶尖的眼科专家吗？他可以治疗全身的疾病了。

在描述她所身处的时代时，马可认为，既不美好，也不丑陋，正如人性好坏参半，亘古不变。马可的很多朋友收到过无用的一块手帕，印着"'即使你把最好的东西给了这个世界，可能还永远不够，不管怎样，把你最好的东西给这个世界'，这是特蕾莎修女说的，"马可接着背诵后半句，"你看，说到底这是你和上帝之间的事，而绝不是你和别人之间的事。"

此时门外的织布机开始铿锵作响，"很多时候，我坐在这里听着隔壁阿香的织布声，我的眼泪就会流出来"。

天色渐晚，马可回到工作室继续加班，楼下的工坊，贵州阿姨们也在赶工。"两个肩膀啊，好痛，好费时"。吴阿姨说，她刚绣完一朵花，开始缝一张床单。上个月，她的小孙子出生了，儿媳妇一点女红不会。"现在的女孩子玩手机太多了，上网太多了，不爱绣花了。"吴阿姨叹口气，心里念着给孙子做身小衣服，但工作太忙了，"没时间搞啊"。

文晏：柔与韧

○
○
○

文｜矮木／单子轩　编辑｜朱柳笛

一位看似纤弱的金马奖最佳导演，因为骨子里的韧劲和坚持，呈现了本年度最有力量的一部电影《嘉年华》。在日益喧嚣的时代，克制冷静的表达才是最有价值的批判——她是天生电影人。

最佳导演

  2017 年 11 月金马奖颁奖现场，嘉宾曾志伟宣布最佳导演获奖者为文晏时，现场同步播出给她的颁奖词是：《嘉年华》是文晏的第二部导演作品，电影描述了一桩未成年少女性侵案，目击者同为少女，镜头捕捉了被无力感层层包裹的青春，冷静而不煽情的批判，反而更深入人心。

  与金马奖几乎同步，北京曝出红黄蓝幼儿园虐童事件，舆论场里连续几天发酵出排山倒海的愤怒，受此影响，许多人把《嘉年华》比作中国版的《熔炉》。

  但事实上，很多抱着看一场中国版《熔炉》冲进电影院的观众大约会失望，《嘉年华》呈现的是一种中国大银幕上很少出现的极简和克制，没有让人抓心挠肝的台词，没有让人恨得牙痒痒的反派，没有大段饱满又催人泪下的音乐，文晏不想那么做，不想让自己的电影塞满情绪出现在观众面前，被追问原因，她淡淡地答："不该去消费那些人的苦难。"

  单看外表，导演文晏给人一种很柔弱的错觉，瘦而高，北京的空气稍有不好，她一直有的咳嗽就加重了，以至于声音里带一点儿沙哑，但语气一直和缓轻慢。

早在金马奖之前，这部电影已经获得第 74 届威尼斯国际电影节金狮奖提名。国外媒体不会揪住她问电影为什么拍得如此克制。她说："这其实是特别中国的一个问题。因为真正的艺术电影，绝大多数优秀的作品都是克制的，电影表达本身就是克制的，只有垃圾电影才会煽情和宣泄。"

文晏对煽情一直保持着十足的警惕，《嘉年华》剪辑的时候，剪辑师杨红雨尝试用一种传统影片比较顺畅的方式剪出来，但是后来文晏把多余的气口和镜头游动全都剪掉了。她说："画面变得很干脆、利落，只要说完了要说的东西，剩下的马上就剪掉了，没有一点多余。我觉得她就是要这种冷静和点到为止，一点抒情、一点煽情的东西都不要。"

作曲文子第一次看样片时，他的孩子刚出世不久，电影里小文的遭遇让他觉得心疼。文子有感而发写了几段音乐发给文晏，但统统被毙掉了。文子说："大概是因为太温暖。"过了几天，文晏突然和他说，有一段音乐放在结尾特别合适——影片最后，女孩小米选择出逃，走向未知，反复比对取舍之后，文晏觉得这时出现情绪才是恰当的。

克制之美

这份克制，懂得的人会知道它的好。但对于习惯了在"爆米花电影"中找寻刺激的观众而言，静水流深式的表达太寡淡，太不刺激了。之前在单向街主办的一场名为"没有永远的旁观者"的沙龙中，影片中饰演父亲的耿乐不无激动地说："如果我们习惯吃那些加了很多味精、佐料、食品添加剂的食物，突然给你吃特别本真的东西，你当然会觉得怎么那么索然无味。这是因为我们的舌头、我们的感官，已经被这些低端的娱乐电影所洗脑了。"

文晏特别认同耿乐的说法，但没有表露出多余的愤怒。艺术电影从来不容易，做出来也不见得有什么切实的回馈。文晏很清楚，一部艺术电影的力量也许本就没有多大，但她仍然极力捍卫自己心中好电影应有的体面："其实没什么好惊讶的，本来就该是这样子的，不同的东西会有分寸的区别，但是没有一部电影说是通过宣泄达到了艺术的高度，从来没有过。"

在艺术选择上，文晏反感情绪化的表达；在现实生活中，她也怀疑情绪的意义。拍摄《嘉年华》的初衷也与此有关，创作剧本期间，每隔一段时间，就有幼女被性侵的新闻出现，大家在朋友圈里都很愤怒，但也只有愤怒而已，转发之后，没事了，心安理得了。前一秒是愤怒，后一秒可能就是美食和自拍。

选"嘉年华"作为片名也有这层意思：我们生活在一个嘉年华似的时代，无比光鲜，无比喧嚣，整日忙着从一个派对赶往另一个派对，光鲜背后的人和事会有多少人关注？

文晏觉得，情绪之外，还应该为那些不能发声的孩子做些什么。

耿乐形容自己看完剧本的第一感受，拿手比着脖子，说："气得都到这儿了。"他说他当时就在想，一定要去见一下这个导演，看看对方到底是一个怎样的人。结果认识之后才发现，文晏特别安静，甚至说话都不会大声，但内心坚定又有力量。

跟《嘉年华》呈现出的克制疏离一样，文晏的气质中自带一份清冷，骨子里有她自己的东西，做了10年艺术电影，她已经很坚定地知道自己要的是什么。她的搭档、剪辑师杨红雨形容："文晏表面上看上去柔柔弱弱，但她骨子里其实是相当硬的，很坚持自己，她不会用一种特别激烈的表达去坚持，她会很客气，但是不会动摇自己一些根儿上的东西，不会轻易被左右。"

圈子内外

当导演，文晏并不是科班出身，大学在美国学平面设计和艺术史专业，接触电影全因兴趣，那时她经常穿梭在林肯中心和纽约现代博物馆，那些地方收藏了大量的艺术电影，会定期举办放映活动。这是文晏生命中一段精神世界特别满足的日子。

进入电影圈时，"当导演"还是一件很有门槛的事，电影行业远不像今天这般浮躁功利，文晏只能从基础跟组、写剧本学起。"那时大家不会说我要当导演，现在小孩都可以说这话。"

2007年，文晏有了自己担任独立制片人的第一部作品《夜车》，当时刁亦男也是导演新手。文晏凭借巨大的阅片量练就了艺术直觉，从服装到摄影，从拍摄手法到呈现方式，都给过刁亦男不少建议，也亲自参与剪辑。和传统制片人更关注演员阵容、制作规模、片子的商业属性不同，文晏的心思和精力，更多放在了支持导演心无旁骛的创作上。

接下来再度合作《白日焰火》，8年时间经历波折无数，但文晏一直"不离不弃"。刁亦男曾在采访中透露，作为制片人的文晏，到后来对拍摄素材熟悉得可以不看画面就剪。

2014年，《白日焰火》一举拿下柏林电影节最高奖金熊奖及最佳男演员两项大奖，成为当年最受关注的华语电影。

进入电影的圈子，拍片、拿奖，名利双收几乎成了大家默认的逻辑。从某种意义上说，文晏直接参与构筑了中国电影的另一副面孔，但她本人却极其看淡"圈子"。

合作《牛郎织女》的导演尹丽川说，差不多10年前，一群玩独立电影的朋友组织过一个叫"火钩"的团体，遇到电影节，文艺青年相互取暖，大家一起组织party，文晏永远是聚会上最安静的那个，话少，只是特别温柔地笑。

大部分时候，文晏习惯保持自己的疏离，同为制片人的耿二卫说起文晏："很难约，即使约出来也只吃芳草地楼下的沙拉。"她是嘈杂混乱之中懂得自持的人，市场再怎么狂飙，她内心很笃定的一个念头是：做电影是一件很有尊严的事。

耿二卫提到，文晏和刁亦男两人有个共同的地方：《白日焰火》名利双收后，两个人都跟消失了似的，圈子里没人知道他们在做什么。他说："《白日焰火》在柏林拿的奖分量那么重，有不少人想找他俩挂名做监制和策划，给他们个过路钱，这在电影圈里太惯常了,但他们一次都没这样做,没用自己的声名去收割什么。"

表达

　　制片人的经历练就了文晏的决断和镇静。2013 年,她编剧并导演了自己的第一部长片《水印街》,题材原因,该片并未在国内公映。观察一位导演的格局和风格,最好的窗口也许就是她的处女作。文晏拿剧本给女主演何文超看的时候,对方惊讶于一个看上去柔柔弱弱、能把棉袄穿得特别婀娜的女导演,试图借助一个爱情故事的壳儿,讲述生存于当下社会的禁忌和边界。影片讲述了一对年轻恋人的故事,有着特殊职业的女孩和男孩一次偶遇,两人卷入一场纷争,生活从此彻底改变。

　　"就好像两个孩子在路上玩,不小心踩到一个什么让他们受伤的东西,这不是他们的错,也不是那个东西的错,可它就造成了伤害。"何文超说,文晏的作品跟她本人一样,她并不是一个激烈的人,从《水印街》到《嘉年华》,文晏一直保持着观察和审视的姿态,在电影上,她欣赏"诗意的留白",不会轻易做什么判断。

　　生活中的文晏是一个脑子停不下来的人,电影是她表达的出口。《水印街》最初的灵感是城市生活中无处不在的摄像头,窥伺无处不在,人的隐私边界在哪里?而《嘉年华》剧本诞生的原因是她从微信朋友圈中感受到一种旁观者的无力感。"以前还得回家打开电视才能看到新闻,知道世界上发生了什么。现在你拿着手机,随时随地都在目睹着几十件、上百件事。我们是旁观者,但我们在做什么?我们在转发微博、公众号文章,下一分钟我们又在转发晚餐。我们到底在起什么样的作用,我们是在消费这些事件吗?我们是在消费别人的苦难吗?"

和主持人陈晓楠的对谈中,文晏说起自己时常会在日常生活中意识到一种"熟悉事物里的荒谬感",在《嘉年华》中,她借耿乐之口问了一句:"那公道呢?"算是对所有"熟悉的荒谬"做出了自己的一番回击。

文晏心中疑惑的都是大命题。有时候她觉得这个时代离真相非常远"我小时候觉得真相是很简单的,现在真相是最令我迷惑的东西,可能是我一辈子无法了解的东西"。从《水印街》到《嘉年华》,关于"真相"的讨论贯穿始终,摄像头下的窥伺,收音机里的新闻,哪个是真哪个是假?她希望观众能通过电影,去思考这些跟时代与自身都息息相关的命题。

韧性

践行这些思考并不容易,在一个高度娱乐化的时代,严肃和理智从来不受欢迎。《嘉年华》拍得很辛苦,开拍第四天,由于制片组的一个小事故,文晏摔伤了。

第二天,录音师张阳琢磨着是不是可以放假,因为大家都说导演前一天去医院了。但到了片场，文晏除了活动少点儿，其余完全跟平常一样。张阳本来以为没事，结果三四天之后，大家无意中闲聊，才知道文晏摔断了肋骨。张阳说，从开拍第三天一直到杀青，除了几个关系亲近的，好多人从头到尾都不晓得文晏是戴着护具在工作。

当时杨红雨正好过去探班。"腰上裹着固定的那个东西，疼得都不行了，但是，你也看不到她怎么委屈啊。她不会说'哎哟，我太疼了'什么的。她也没有特别说，'啊，你们都不用管我什么的，我没事儿'，她也不会说这种话。"这是杨红雨眼中文晏身上特别硬的东西，她不会给自己找什么借口，"在现场就跟没这事一样，该做什么做什么，她那个韧性特别大"。

合作多年，杨红雨已经习惯了文晏骨子里不同于外表的韧性，《嘉年华》的剪辑过程中，她至少被文晏弄崩溃过三次。杨红雨合作过的大部分导演都是把握整体方向，具体细节留给剪辑师处理，但文晏经常会在家里动手剪一剪片子。杨红雨弯曲起两手的食指来回点着，模仿文晏的样子，"就一点点挪来挪去的，一板一眼，像小孩一样摸索"。

"有好几次我都已经觉得八九不离十了，这版挺舒服的，整个节奏都挺好，再有点小改动就可以了。但她会自己在家悄悄动，等过了一个多星期，我再来看的时候已经面目全非了，又变成了一个新的东西……"

这样的剪辑后来得到了国际知名电影学者裴开瑞（Chris·Berry）的肯定："我完全被它的对话以及情节抓住了，它的台词中没有任何废话让我感到无趣，它的主题也在影片的剪辑后得以完整体现，它是一部特别特别精致的影片。"

在杨红雨看来，文晏永远处在一个不满意的状态中，不满意吧，她也不抓狂，韧劲儿在骨头里的人，永远是个行动派。杨红雨记得，片子当时送到法国做混录，日程表都排好了，在那之前必须把画面剪定，结果就在把片子送到法国的前两天，文晏还和她又改了一个镜头。

到了片子首映的时候，杨红雨看完，发现文晏竟然又对片子作了一些小调整。"你可以想象，这个片子只要还没进电影院，她到最后一刻都在改。"

回响

金马奖和红黄蓝幼儿园事件多多少少帮助了《嘉年华》的票房，最终数字是2200多万，对艺术片而言，差不多可以算个好结果。

文晏倒不纠结这些，她又说起早些年在美国学习的日子："当时的一部入门电影应该算是《四百击》了，今天大家还会经常提起，非常震撼，非常喜欢，然后是法国新浪潮电影的一系列电影，老祖母瓦尔达如何自由穿梭于剧情片与纪录片之间，还有意大利新现实主义，罗西里尼和后来的费里尼、安东尼奥尼，还有天马行空的布努埃尔，等等，所有这些人都不断地在告诉你，电影是特别神奇的一个东西，对，太神奇了。"采访的大部分时候，文晏都保持了十足的平静，但说起那些与伟大电影邂逅的瞬间，眼睛里是带着光的。

但以庄重和思考为美的古典时代早就结束了，一部现实题材的电影所能带来的回响，在眼下这个时代的嘉年华中，注定会被许多喧嚣稀释和掩盖。

时代的急切和浅薄时常让文晏心惊，路演中很多媒体的提问让她感觉哭笑不得。"有的采访就直接说'导演，请你解读你电影中的这五句台词'。我为什么要去解读，那我做电影干吗？你说你如果生活在20世纪60年代，你看伯格曼的电影，你可能说伯格曼你跟我解释一下你这句台词是什么意思吗？"

她希望电影能够一如既往带来思考和心灵的交流，但是如今，倒越来越像一门需要沿街叫卖的生意，这让她心痛。

《人物》记者去采访的前一天，《嘉年华》在视频网站上线，文晏有点无奈地笑："全是各种弹幕，这真的是太奇怪的一个事情了。"

这不该是艺术片的欣赏方式。文晏拿《嘉年华》的声音举例，张阳是个很有想法的录音师，和她经常有意见不一致的地方，但两人争论磨合之后，最终声音的效果特别好。

"我们花几个月的时间做声音、混录混了三个星期，每天一场戏一场戏地去混，海的声音、风的声音，就是所有这些东西其实都在帮助叙事，帮助塑造人物和她的情绪"。但今天，中国观众基本不具备欣赏这种质感的能力。"烂片太多了，他完全无法意识到这些东西，他习惯听那种没有质感的、空的、一下子压过来的声音。"

"会觉得自己的辛苦被辜负了吗?"

听到这个问题,文晏稍微停顿了一下,脸上转而有了坦然的神色:"不,这是中国的一个现状,我没觉得被辜负,是观众辜负自己,他们没有意识到这个东西是可以给人生带来美好的,他们完全享受不到,也体会不到电影的价值。"

力量

从影像世界切换回现实世界,没有英雄的年代,能够独立思考、头脑清楚的人,就是文晏眼中的英雄。给《嘉年华》勘景期间,文晏有一次碰到一个八九岁的女孩独自玩耍,身边什么人都没有。她忍不住问,小姑娘回答说,因为爸爸、妈妈都在干活,他们从外地来打工。文晏说:"这个小女孩完全不设防地跟着我们,跟我们聊天,她刚刚从外地转学来这个城市,我就会特别担心,就想幸亏是我们,如果换了别人怎么办?"

后来文晏再回到同一个地方时,两次都没有看见小女孩,担心得不行,跑到那一片的房子里去问,终于找到了小女孩的妈妈,说是她爸爸带她出去了,文晏悬着的心,这才算放下来。同时她也在想,这些父母一直打工,缺乏陪伴的孩子,他们的成长是什么样子的?是不是能够得到很好的教育?在人人都心安理得地当一个旁观者的时候,文晏希望借助电影让作为旁观者的每个人思考一下自己所承担的责任。

之前《嘉年华》在中国传媒大学崔永元口述历史研究中心的小剧场做了一次放映活动。崔永元说自己看片子的时候，觉得导演是一个很绝望的人，对现实不太抱有希望。他问文晏："你觉得这个世界能变好吗？"

文晏回答说："我应该算是一个悲观主义者。但我觉得真正的悲观主义者，都带有一丝丝乐观，也就是我们在做事的时候，都带有一丝希望。"

文晏从不迷信一夜之间的改变。她说："我觉得我们只能去做，只能寄希望你做了，然后会有更多的人去做，改变我觉得都是一点点带来的，它不是一夜之间发生的，一夜之间发生的改变都是灾难性的。"

文晏更信奉成长的力量。这次挑选的两位小演员给了她特别多的鼓舞，她想自己12岁的时候，什么都不懂，但现在的孩子，能够把握得很好。她也观察周围朋友们的孩子："那些真正把孩子当成一个人来对待的父母，他们的孩子都成长得非常好。所以我就觉得，如果我们不去祸害他们，不去教给他们特别愚蠢的东西，这些孩子都是有希望的。"

说到这些时，文晏的韧劲儿一下子显现出来："你就得一点点做啊，我也做不了更大的事情，我只能做我能做的事情，但是如果每一个人都做了一点，那这个改变就是可观的，所以就不能患得患失，你就是做了，你希望说看过我电影的这几十万观众里面有几万他们做了改变，那这就是进步，这就是往前走的唯一方式。"

文晏敬佩那些真正做事的人，她接触了不少律师、公益人士、志愿团体，现实常常让人无力，但同样只有现实，才能给出真正的力量。在另一场活动上，文晏说了这么一段话："我觉得要正视现实，这种无力感是现实生活给我们的。我不会觉得超人给我力量，反而看到这些真实的人在那样的境遇下，性格中还有一点不服输的东西，有一点点的挣扎，一点点的努力，这个反而给我力量。"

辑三

PART 3

真我

身处浪尖,也要自由而行

苏芒：特殊的地方

文 | 季艺

除了热烈的表情、兴奋的眼神、温暖的亲昵、时而突如其来的哭泣和娴熟的手腕之外，要打造一个带有鲜明中国特色的时尚媒体王国，苏芒还需要一些特殊之处。十几年前的神奇瞬间。问题不在于苏芒女士是怎么做的，而在于她为什么要做。这个问题有时她自己也回答不了。"我感觉我有特殊的地方。"她用探究的口气说，"哪里特殊，我也说不清。"在采访气氛到了该总结点儿什么的阶段，这位时尚集团副总裁、《时尚芭莎》出版人逐渐坦率、放松，目光中闪动着好奇。

十几年前的神奇瞬间

问题不在于苏芒女士是怎么做的,而在于她为什么要做。这个问题有时她自己也回答不了。"我感觉我有特殊的地方。"她用探究的口气说,"哪里特殊,我也说不清。"在采访气氛到了该总结点儿什么的阶段,这位时尚集团副总裁、《时尚芭莎》出版人逐渐坦率、放松,目光中闪动着好奇。

时间推前,离芭莎明星慈善夜还有一个月,2013年9月10日,苏芒的时间表上有10项工作。从9点半开始,她要到金融街与Facebook首席执行官对谈,参加国家会议中心的万达商会,在银泰为芭莎艺术校园行驻场,参加章子怡《非常幸运》的首映。她的目的地分别在北京东、西、北三个各自距离一小时车程的地方,她的奔驰车司机必须严格计算好时间,从一个地方准时离开,再准时到达下一个地方。

竞赛般的气氛弥漫了一整天。临近黄昏,当苏芒又一次准时回到车里时,《人物》记者和她的助理情不自禁地鼓起掌来,赞扬她太棒了,苏芒很振奋。这个过程也许不是你想要的生活,但是她想要的。

芭莎慈善夜是苏芒每年一度的"顶尖任务"。它既是善念的实现，也意味着影响力和同期杂志上的广告大餐。苏芒期望这一届表现更好。

"你要是特别在意一件事情的话你就会特别害怕失去。"她说，她的下属也在为此拼命，就像景璐（芭莎市场总监），每天晚上做一个梦，"今天晚上一个人也来不了"，全是担心。

她的第一目标是让慈善夜现场坐满300多位各界名流。从2001年开始，她计划每年邀请100个明星与100个模特，尽管2017年到场的娱乐明星为四十几名，但苏芒认为自己完成了目标，她对《人物》记者解释说，其他行业的成功者也是"明星"。慈善夜总是擅长制造话题。在这里，房祖名以388万替周迅当时的男友王朔为她拍得一尊紫檀宫宅。李晨与张馨予公布恋情后首次亮相、姚晨产后复出，都发生在慈善夜的红毯上。苏芒总能保证当晚的闪光灯和摄像机热得发烫。

这些人脉关系大多来自苏芒个人。她不愿意谈她与明星们的交往细节，她说："我不能告诉你。"苏芒在这一点上态度坚决。她只是用自己的方式表明，她有建立友情的天赋和耐心。她说："整个交往你得花时间，很多时间，不是你花了两个小时去采访或者花了三个小时去跟踪，我说的时间是以好几年来论。"

慈善夜起源于哪里？关于这个问题，苏芒喜欢提起一个神奇瞬间。那是2001年，苏芒第一次去美国接受赫斯特集团的培训，当时她只有远大梦想，但专业还不入门，很多东西都还不懂。在一次午餐上，Cosmopolitan的传奇主编海伦·格蕾·布朗问每个人："我们为什么做杂志？"苏芒不知道该怎么回答，她没想过这个问题。布朗，这位妇女性解放先驱、《单身女孩与性》的作者，看着苏芒的眼睛说:"因为我们要帮助人。"

"当时她 70 多岁,非常美、优雅,她看着我的眼睛。她的人、她的嗓音都非常温暖。"苏芒回忆那一瞬间说,"之前我不知道为什么做杂志,老板只给了一个目标,Brown 给了一个使命。"

12 年后,她甚至责怪自己的杂志有点儿忘了布朗的精神。她说:"那时候我们没什么条件,就得靠编辑性。如今做大了,拍组大片花多少多少钱,做得华丽,反而忽视了编辑性。"苏芒口中的"编辑性"是指媒体在编辑核心的年代里的价值观准绳。

对布朗,苏芒"见之前崇拜,见之后更崇拜"。她说:"此后,我的内在就焕发出来了。"

2003 年 SARS 期间,苏芒的小孩咳嗽一声,她就吓得要死,然后发现她没法帮助人了。她说:"时尚杂志没办法提供帮助。太可怕了!那你才发现,如果有瘟疫、灾难、战争,我们就不可能帮助别人。"

苏芒打电话给认识的明星们,说自己想做一场慈善拍卖,反馈极好,大家都说"来家来家",那时谁让人去家里?她打电话的技巧是"把事儿说完整,那时候我去纽约见她,讲完整她就信了"。

2003 年 7 月 3 日,在藏酷酒吧,来了 12 位明星,8 台空调坏了 6 台,主持人吴大维穿着三件套,都被汗湿透了。拍卖也是互相拍为主,胡兵拍了李亚鹏的,李亚鹏拍了胡兵的,最后募集到 16.8 万元。结束之后,没人走,都坐在那儿聊 SARS。

苏芒必须强调这个缘起。"有人说我们做慈善是作秀?"她说,

"我就不承认这个！"

如今，芭莎慈善夜是一个具备品牌和灵活性的募款平台，每年把善款分发给至少13个慈善项目。民政部也批准了中华思源工程扶贫基金会芭莎公益慈善基金账户的成立。苏芒领导下的7本杂志也同步成长。

"要是你以为《时尚芭莎》做到这么大，都靠关系，那就太简单了。哪个方面你不得做完美？首先你得有个理念，我们最初的口号是'让慈善成为时尚'，然后每年在变，得切中人心，那年郭美美事件，对慈善事业是毁灭性打击，我们的口号就是'透明慈善，从今年开始'。然后模式你怎么一直更新？每年这上面花费大量精力。你得有模仿对象。2005年，我们看奥斯卡第80届颁奖晚会的录像，特别漂亮，景璐就说：'我们也做80年'。想做长久才有生命力。你还得打造影响力，得有正确的精神。我们不能让全民都爱时尚，但可以让喜欢时尚的人去做善事。希望大家做了慈善出了盛名，这是善的引导。当然我们要找明星，要找名流，做盛大的活动，就要聚集有影响力的人。要stop一场战争，你也需要找到有影响力的人"。

入夜之后，苏芒的奔驰车又驶向丽兹卡尔顿酒店，成龙、柠檬水和关于慈善夜的新话题在那里等着苏芒。一个月后，当苏芒来到国贸三期的宴会厅时，看到一切正在从无到有搭建起来，她兴奋地全场奔跑。她说："太震撼了！这怎么可能啊？这是在建一个'城市'啊！"

她拥抱着她的工作人员，热情洋溢，眼睛闪闪发亮。

这个世界上真正能吸引她的

苏芒是怎么建立起时尚圈里独一无二的人脉资源的？即便花费数周时间跟随苏芒采访，你也很难解释她如何让普通的社交活动闪动着一层热烈真诚的光晕。

"你得对人好。"她解释说，"除此之外，首先我眼光不差，看明星，看设计师，我看得很准，很多都是还没出名、没成功的时候就交了朋友。其次我喜欢这个人像我，喜欢人说理想，有志向，这样的人容易成功。再次我花很多时间。最后我太早进入这个行业了，我认识冯小刚是哪年啊？安娜·温图尔特（Vogue 杂志美国版主编，电影《穿 PRADA 的女魔头》原型）有这个地位，我觉得也是因为她进入行业进入得早。"

温图尔特 1970 年 21 岁时进入时尚杂志行业，苏芒进入时尚杂行业则是在 1994 年 22 岁时。温图尔特冷峻、疏离，苏芒则热烈得充满戏剧感。人们更多被她们的"奇异"的外在表现吸引，而忽略她们真正做了什么——将秀台上光彩夺目的时装转变成真实的钞票。她们是企业家。

生日当天，苏芒要飞往巴黎参加曾梵志的画展。曾梵志是证明她"看得准"的好例子，早在他崛起之前她就看好，并支持这位帅气而才华横溢的艺术家，而且俩人还建立了颇具信赖感的友谊。在苏芒生日的前一天，时尚圈的品牌公关和苏芒的下属们给苏芒送来了生日礼物，围成品牌名字的鲜花堆满了白色的、充满香氛气息的办公室。当苏芒得知她的编辑正在楼下拍摄导演徐克时，苏芒从花海中拿起一盒玫瑰前去探望。

"真是碗大的玫瑰。"苏芒在电梯间里看着她的编辑说。

苏芒把鲜花递给了徐克。

"您这一部 3D 真的更细致了,我代表我们办公室送您一束花,真的很美丽很美丽!让您开心一下。"苏芒说。

"真是碗大的玫瑰。"她的编辑在一旁补充。

"很少收到花。"徐克说,"尤其是玫瑰花。"

苏芒邀请徐克合影,两个人站到一起。

"你们两个是大腕。"编辑说。

"谢谢!谢谢!祝您成功!"苏芒对徐克说完便走出了化妆间。

对关注中国复杂现实的人来说,苏芒身上洋溢着一种"外宾"式的天真。如果她的个性出现在另一个人身上,你会认为太感性、不现实、缺乏深度。单听她赞美诗歌、描述自己曾经的文学理想,你甚至会为她没有在这个社会上寸步难行感到奇怪。

"我不是总是思考的那种人。"苏芒说。她总是在解决问题。

"苏芒注重各种细节,她每天都在想,这个活动应该是什么样。""芭莎系"一本杂志的主编说。

苏芒的竞争意识导致压力总是弥漫在团队中间。2016 年 5 月,《芭莎艺术》在香港举办艺术之夜。"活动在香港,比内地操作难度大得多，同时它的规格又很高。工作人员已经非常辛苦。"这位主编回忆。开幕的前几天，苏芒参加了另外一个晚宴，与艺术之夜更符合国际礼仪的"长桌"不同，这个晚宴使用了"圆桌"，苏芒觉得非常完美，立刻要求团队改变方案，使用圆桌。

当得知改成圆桌需要增加60万预算时，苏芒崩溃了。"就说你们什么事都让我想办法，能不能承担点责任？"之后，她哭得非常伤心。

苏芒的编辑说："我认识她7年，第一次看到她这么哭，她以前哭都是因为感动，但这一次我看到她真的是出自一种绝望和无助。我觉得这个世界上真正能吸引她的，就是她要做得比别人好，包括这个晚宴，她当时的崩溃也是因为她已经参加过前一个晚宴，她能察觉到我们的东西已经没别人好。"

北京奥运会期间，一切非奥运赞助商的活动都被禁止。"有人就说，要不停办一年，我说那怎么行。"苏芒说。从2008年1月到4月，她和同事们一直向北京奥组委争取能如期举办慈善夜，到4月初，奥组委拒绝了，苏芒就和景璐天天去奥运大厦"上班"，坐在领导办公室"赖"。到最后领导点拨，这事儿要办成得找洛桑。

"然后就发电邮，向国际奥委会解释我们为什么要办这个活动，5月人家就同意了。"芭莎慈善夜如期举办，还得到了由国际奥委会捐赠的全套奥林匹克运动会官方海报。这是慈善夜首次与宏大话语接轨。第二年他们去了上海世博会。

"使命"始于与布朗的见面，奋斗则始于27岁那年，苏芒面临自己第一次职场危机。

那一年，时尚集团承诺提升她为 COSMO 的主编，她可以离开市场销售的位置负责梦寐以求的内容。"我星期日生孩子，星期五才休息。"苏芒回忆，但当她休完产假回来时，办公桌已经没有了。苏芒深感挫败。"后来我理解老板，老板可能没有做过员工，起码没有在做员工时经历生小孩的事，所以他不能相信员工生完孩子会很快地进入状态。我当时唯一的想法就是绝不能输。"

为了能有精力做更多的事情，苏芒有意训练自己的专注能力。"就像你有很多的抽屉，你要善于把不同的事放在很多抽屉里，当你拉开这个抽屉之前，就把别的抽屉先关上。当时我生完第一个小孩，没有一个母亲会不牵挂小孩，当我离开家，拔下钥匙的时候，我就不断地告诉自己，我没有小孩，我没有小孩。下了班回去，我再把钥匙插进去的时候，我会说我没有工作。要非常强悍地去训练自己，非常不容易。"

"我就没有在家闲适地待过一会儿。"她说。长久以来，到家她就睡觉，醒了就出去工作。每天睡 3 个小时她可以坚持 3 天，每天睡四五个小时可以坚持一周。"为什么要待一会儿？"苏芒说。

入职 19 年后，苏芒依旧斗志旺盛，极具感染力。"她总是打鸡血的状态。"她的一个编辑说。

"我觉得如果我不在亢奋状态中，我就不是在最好的状态里。"苏芒说，"我相信如果你的手是握着拳头的时候，你的底气是顶出来的时候。你有爆发力的时候，你有激情的时候，你的灵感也好，你去说服别人的能力，你甚至调动你自己所有的组织能力，调动一切的能力，高度专注，那个效果特别好。"

为什么要这样呢？她说："我感觉我有特殊的地方。"然后苏芒开始解释梦想对一个人的重要性。

可苏芒的梦想偏偏是这个，为什么不是清晨烤蛋糕，或者开着二手车漫游世界？

苏芒停下来，思考着，最后她说道："对。好像有这个问题。我发现我克服不了一般人都能克服的问题，譬如说，谈个小感情，弄一个小煽情、小文艺，我弄不了。你让我干一个大的，我就直奔主题解决。"

姐妹们

苏芒习惯把比她年长的男性称为"哥哥"，女性则被她称为"姐们儿"。"芭莎系"杂志的下属们也是她的"姐妹"。有女下属因结婚辞职，苏芒会哭着问她："你怎么会为了男人抛弃我？"

对于苏芒这样的媒体领袖，如何让下属一直选择自己的确是个难题。

时尚集团希望员工信仰"梦想"。时尚集团总裁刘江对《人物》记者说："'时尚'的薪资不是最高的，这里不是靠薪资去吸引人。人要有梦想，你要追求一个梦想，挡都挡不住。"

时尚集团是一个介于国企与民企之间的企业，旗下杂志的主管权属于国家旅游局，广告业务则属于私人。直到两年前，它的薪酬标准近乎国企。苏芒无法用高薪去驱动她的下属，也无法在扩张时拥有足够的资金支持。

优尚公关公司向《人物》杂志提供了一个苏芒如何免费得到价值5万块钱的服务的小案例。这家公司一直负责慈善夜的舞台美术。"做芭莎的活动利润率很低或者说没有利润。"优尚的副总刁玉昆说。2007年，市场上开始大规模流行LED技术，刁玉昆建议苏芒使用LED，"我常常说我自己给自己挖了一个坑，因为'芭莎'没有那个预算，当时一场活动也就二三十万，投影和LED中间就要差5万"。

因此，刁玉昆还是决定改用投影。当苏芒知道这个改动，她亲自把刁玉昆叫到她的办公室里。"她说，'我现在没有这个费用预算，你得帮帮我'。"刁玉昆说，"主编说不会忘记你们的，你们对慈善的好，对'芭莎'的帮助，还有对她的帮助。"这打动了刁玉昆。

如果没有资源，苏芒的办法是整合、交换。"芭莎系"已经拥有4本杂志，其中《芭莎艺术》还向8个国家输出了版权。苏芒在2008年开始了颇具勇气的扩张——创办《芭莎男士》。在芭莎全球100多年的历史中，从来没有出现过一本男性杂志。

"当时没有一个人同意。"苏芒说，"不同意？那我不要钱也不要人，赚了钱是公司的，赚不到5000万我什么都不要，先让我做。"

"她的目标设定特别清楚，3年5000万。一个人这么热心地去做，自己没要求加工资，人员上也没加几个，等于一分钱不要投入，完全这么凭空做出来。"刘江说，"她就这么一个一个复制了自己的'芭莎系'。"

在公司内部，苏芒强调亲人式的职场关系，描绘共同理想，也为下属们提供颇具"灵活性"的政策。

在时尚杂志领域里，"灵活性"并不像在一流严肃媒体那样被视为禁忌。"苏芒不会守住自己的资源，这跟其他杂志主编完全不一样。"苏芒的一个编辑说，"但是你要通过这个资源去拿更多的资源，带回给'芭莎'。你自己在其中拿了什么东西，她可以睁一眼闭一眼。"

除此之外，苏芒自己列举出可以激励员工的，还包括时尚生活、出差时的豪华酒店等等。更重要的是，仍旧是"梦想"和"精神"，而核心就是女孩子要自强不息。

《时尚芭莎》不仅是女性杂志，还是女性主义杂志。它善于展示优渥的生活品质，因为苏芒认为对于一个心情不好的女孩来说，"时装是良药"，会不断鼓动女性自强不息。"我们一直在塑造女孩子自强不息、肯吃苦的精神，无论是对一个明星肯吃苦的描述，还是对一个成功人士肯吃苦的描述。很多人是把她当作了一个传奇，把她的起点写一写，把她的现在写一写，中间的20年全都不见了，所以她就是一个传奇。我不想这样，我要告诉你们真相，我就不断地问她们最辛苦的日子是怎么熬过来的。"苏芒说。

另一方面《时尚芭莎》愿意倾心赞美名人，也不害怕显得直接。

苏芒对媒体责任自有理解。"我们和严肃媒体有什么区别？我们是扬善的，创造美好的，让每一个人从中可以获得正能量，我们是一个创造美的媒体。"

苏芒相信她真正帮助了女孩们。

苏芒说:"你去问问这些妹妹,这些女孩子,是不是很多人都是因为听了我的很多话,因为看了一些《时尚芭莎》,而勇敢地咬着牙,继续走下来。无论是单身,还是结了婚有小孩子的女性,都会感谢那个曾经奋斗过的自己,这是真相。"

在办公室里,苏芒也用同样的理念不断鼓动着她的下属们。刚毕业的赵婷婷是苏芒的助理,在一次会议上苏芒提了一个不可思议的要求,要赵婷婷记录下她所说的全部内容。

"你知道她讲话非常快。"赵婷婷说,"第一遍有一半都没有记下来。"苏芒在这时要求她用左脑听,右脑写,"一定要强制性地记。"苏芒说。"她是我的老板,我可能有那种紧张意识,真的激发了我的潜能,她讲完我就写完了。"赵婷婷说。

2013年10月14日,苏芒要去参加一个青年励志类电视节目,当她看到采访提纲里面的几个问题时,她非常气愤,其中一个问题是:"听说你宁可吃泡面也要买名牌包?"苏芒让司机把车停在路边,打电话要求编导修改脚本。随后,苏芒叮嘱自己另一个刚入职的助理,告诉她要懂得筛选对苏芒不利的问题。

"这个时候要看到问题,解决问题,要勇敢有担当。"苏芒对她说,"你可以成为更棒的人,解决它,我把这个事情交给你,你去锻炼,你明白了吗?我们是一体的,你还小,我希望你成为更好的人。"

苏芒和她的同事互相视为亲人,一起做梦,拼命奋斗,编辑唐宜青曾因"芭莎系"这种内部文化感到压迫感。"'芭莎'整个就是一个会发生奇迹的地方。"她说。她至今记得去《时尚芭莎》面试时，苏芒穿了一个大V领裙子，突然特别热情地伸出手来跟她握手说："'从今以后我们就是一家人了，荣辱与共'，我当时想我不是来面试的吗，怎么就成一家人了？"苏芒没有提任何面试问题，只是和唐宜青讲述自己的理想，讲"芭莎"的杂志是什么样的，苏芒说自己想做最好的杂志，而她应该做某个领域最好的编辑。

"有一段时间我想要逃开这种东西。"唐宜青说。2012她选择了留学，可最终还是回到了世贸天阶的时尚大厦。她说："在美国待了一年后，我发现我逃不开那个东西，'芭莎'包括苏芒依然是非常大非常大的一个精神上的东西，我去掉不了这种气质。"

发展才是硬道理

有一次，苏芒和她的团队在北京宋庄一处 Loft 里拍摄章子怡，时装编辑选择了全部的"高级定制"服装。苏芒让她的工作人员把这些衣服一件件拿到化妆间里，依次在章子怡面前打开，章子怡对其中的一件表示了反对。苏芒带着章子怡的意见来到了楼下，要求时装编辑用一件成衣去换掉这一件。

"那个不行，高定和成衣不能出现在同一套片子里。"时装编辑抗议。

"谁也不能绑架我们,不用拘泥这个。"苏芒有些生气了,"我要的是好看的封面,不是 Runway,衣服好看最重要,效果最重要。"

"这很不 Professional。"苏芒离开之后,时装编辑抱怨道。

中国最知名的时尚杂志女主编在时尚方面并不时尚,是业界人所共知的秘密。

"好,我承认我不时尚。"事后,苏芒对《人物》记者说,"她不可能认输,可是时尚是什么?如果看本质,我又不认为我不时尚。时尚的本质就是新美,一是新,二是美。"她开始列举品牌、设计师,证明她的观点,"规则就是用来不断打破的,你就要不停地发展,这是时尚本身的规律"。

苏芒的一大独立创新是让电影明星登上"芭莎"的封面。在国外,BAZAAR 是一本时装杂志,大部分时候用名模做封面,但苏芒在中国把这一切都改变了,过去 12 年里,苏芒只用了一次模特,大部分时候都是电影明星,极尽华美之能事。

苏芒说:"这是因为要适应中国市场。我们最开始做杂志的时候超模这个职业在中国没有任何影响力,她不能让你联想到你想拥有的那种美好,哪怕我当时用辛迪·克劳馥做这个封面都没法让人立刻联想到一种美好生活,但是电影明星可以。"

"刚创刊时,我更多的是把《时尚芭莎》理解为一类视觉杂志,但苏芒不同,苏芒喜欢在精神与价值观的层面去解释它。"《时尚芭莎》的执行主编沙小荔回忆。

对于价值观,苏芒解释说:"因为我一点儿都不虚伪,我认为你想过好生活不寄希望别人唯一的办法就是获得成功，而且人只有短短的一生，别人能行你也能行，如果这个时候你还有爱情那当然更好。"苏芒这么解释她所支持的成功学。

苏芒也渐渐确立了这本杂志拍明星的风格。"我们为明星的包装慢慢开始就是建立起一些自己拍明星的特性，这个人要有很强势的感觉，那个就要很有劲、很强势，要很美。"沙小荔说。

中国时尚杂志的广告奇迹很大程度上在于礼品市场的发达，更专业的消费市场也正在形成。正如苏芒的一个编辑所言——非主流价值观的更迭是很快的。国际电商开始涉足奢侈品行业，人们将可以通过 iPad 上的时尚杂志版面链接到电商完成购买。也许 professional 才能更适应新时代。

2013 年暑假从美国回来的第二天，唐宜青去了苏芒的办公室。她说她相信新媒体是接下来一个大的方向。

苏芒的反应是非常排斥，唐宜青说："她说现在新媒体有赢利的吗？我当时没有说话，之后我就回去休息了。"

半个月后，唐宜青突然接到苏芒的微信，然后俩人通电话。她说："苏芒特别直接地问了我两个问题，第一是我什么时候完全毕业回来？第二问我新媒体怎么做？我很吃惊，我的第一反应是我说你不是不做新媒体吗？她说'做啊，我没想明白我当然不做，如果我想明白了我当然做'。"

唐宜青按照她的思路告诉苏芒芭莎现在的资源能做什么，未来能做什么，她一直在听，她就说特别好特别好。唐宜青很震惊，发现自己跟苏芒说的东西她不再抗拒了。

苏芒带着唐宜青去见了刘江，唐宜青形容道："她就特别激动，坐在那儿跟刘总说我们要做一个什么什么事，她让刘总相信她，她做的东西从来没有赔过钱。"随后，刘江同意为唐宜青和苏芒成立一个公司专门做新媒体项目。

自己做了老板之后，唐宜青越发地敬佩和理解苏芒。她说："我原来觉得她身上有些不可理喻的地方。但是我现在也会这样干，我会发现她是一个很有担当的人，会鼓励手下、保护手下、表扬手下，去激发别人的创造力，并不是拿威权。她没有上下级的概念，她说事的时候会很强势，但是做人的时候她对你就没有那么强势的态度，出去吃饭甚至都是她在夹菜。"

"时尚我会做到 50 岁，然后 10 年我就做慈善，然后退休，这是我的计划。"苏芒说，"我的特点是善良、勇敢、坚持。我就追求一件事做到没做到。我做事所有指标都得是第一。"

只有被追问到原因的时候她才会迟疑。"我有特殊的地方。"她又一次说。

2013 年 10 月 10 日，芭莎慈善夜如期举行。在展示拍卖品的房间里，一个珠宝商人正在为苏芒戴上两串自己品牌的项链，他们希望这个项链能够随着苏芒的照片一起在第二天登上各大媒体。这届慈善夜募集善款 5700 万元，来自现场拍卖的善款减少了，但来自企业的定向捐助补充进来 3650 万元。2013 年《时尚芭莎》纪念刊广告额近 5000 万元。

2013年的BAZAAR全球主编大会上,赫斯特集团国际杂志总裁兼CEO邓肯·爱德华兹要求苏芒第一个上台演讲,希望她能为全球BAZAAR主编介绍自己的成功经验。

她把一句中国名言当作演讲的主题分享给了她们:发展就是硬道理。

徐静蕾:父与女

文 | 葛佳男

在一段控制与反控制的父女关系中,徐静蕾最终找到了自由。

自由就是谁也别管我

从父亲口中听到那句至今难忘的忠告时,徐静蕾只有10岁。那天,她写完了每日规定份额的书法练习和作业,偷偷摸摸地在看一本婉约派的宋词集子,从两岁识字起,父亲严格而精心地筛选她的课外读物,这本宋词集子并不在允许范围之内。她小心翼翼,然而,还是被父亲发现了。

她记得父亲神情严肃地说:"你不要看那些东西,那些东西容易让人感情脆弱。"

徐静蕾正上初中那年,就读的北京第八十中学是朝阳区唯一的市重点。她没当过班干部,喜欢坐在教室倒数二三排不惹人注意的角落,是老师和同学眼中的乖学生。学校是父亲帮她挑的,当时俄语班的学生可以跳过中考直升高中部,于是父亲让她抛弃应用更广泛的英语,学习俄语。像之前一样,做决定时,父亲没有询问她的意见,只是在事后知会了一句。在他眼中,女儿被严格规范着长大,已经习惯了服从。

那一次,徐静蕾也没应声。现在回想,她其实不喜欢父亲让她背的那些诗词,比如《出师表》,她都不懂什么意思。徐静蕾对《人物》记者回忆:"我又不要去当个将军。"但父亲似乎希望她自小成为刚毅飒爽的女孩。那时父亲是国有企业的主任、劳动标兵,手下管着全厂最乱的车间。车间里小痞子跟他闹,堵在门口不让他出去,他揪着领子就把人摁到了桌子上。徐静蕾在父亲的要求下背诵"大江东去浪淘尽",抄写普希金诗歌里最沉重的《记西伯利亚》,临摹颜真卿的书法,在楷书四大家"欧、颜、柳、赵"当中,颜体被书法家誉为"硬弩欲张,铁柱山畴之昂然有不可犯之色"。

徐静蕾是家里的长女。徐静蕾母亲刚发现怀孕的时候,街坊四邻都跟徐静蕾父亲说:"哎呀,你老婆这胎看着像儿子。"结果一生下来,是个闺女,徐静蕾的父亲坐在沙发上闷了半天,下了决心:得把这闺女教得比别人家儿子还好。5 年之后,徐静蕾的弟弟出生。

对于如今大部分既有儿又有女的中国家庭来说,儿子通常被更严格地规训,女儿则大多娇惯着养。徐静蕾家却反着来。直到现在,父亲的"严厉"依旧是徐静蕾成年以前最深刻的记忆。两岁多开始,她每天都有作业需要完成,父亲亲自盯两个小时,给她讲语文、数学。白天,她跟别的小孩在院子门口疯玩,快到家长下班的时间,奶奶探出头来喊:"蕾蕾,你作业还没完成呢,你爸快回来了。"从那时起,她养成了某种独特的敏感,远远盯着前面大楼拐角,一看见父亲的自行车,"噔噔噔"就往回跑。等父亲到家,她已经攥着笔,正儿八经写起字来。

徐静蕾后来看到自己童年的一张照片,四五岁模样,紧绷着脸。她在博客里写,这就是我小时候,满脸写着不高兴。她记得有一次在母亲老家山东牟平看中一只小奶猫,火车上不让带小动物,她一路抱着,宝贝似的把小猫捂在怀里,揣回了北京。但是父亲不许养。一天放学回家,她发现门口拴了一只鹅,回家一问,居然是父亲用猫跟同事换来的。成年后她在自己家里专门用一个房间来养猫，最多的时候同时养了11只。

"养宠物耽误时间啊，是吧？实际人的时间都有限。"徐静蕾的父亲徐子健告诉记者，对那只鹅他还有印象，后来全家人一起把它给吃掉了。

穿衣打扮同样被认为是在耽误时间。小时候徐静蕾穿衣服，只要被父亲发现是新的，接下来就是好几天的数落。她记得父亲说她："你是多读了几本书了吗？怎么就穿新衣服这么积极？""后来自己有经济实力了，我们家一屋子破衣服……就是觉得看什么都想买，看什么都买，想买什么就买，不想买也买，就是觉得还行的也买。"徐静蕾说。

成名不久，徐静蕾不大愿意接受采访。常常是跟记者聊着聊着，心里突然一紧，提醒自己说话要小心。她总觉得父亲一定会在某个地方看到这个采访，然后像小时候一样突然冒出来，批评她哪里又说错了。

"家长太强势，所以我心里绝对埋下了渴望自由的种子，我现在生活很自由，而且甚至我矫枉过正地要求自由。"徐静蕾对《人物》记者说。

"你怎么定义自由？"

"随心所欲，就是我想干吗就干吗，谁也别管我。"

徐静蕾的经纪人孟冰向《人物》记者证实了这一点。因为工作，孟冰常常需要帮徐静蕾接一些电视综艺节目，徐静蕾不适应那样的场面。她就劝:"你必须得去。"这种话一说出来,徐静蕾什么也听不进去了,回复只一个字——不。孟冰同时也是徐静蕾的弟妹,渐渐地,她从丈夫和婆婆口中知道了些徐静蕾小时候的故事。后来,她再也不拿出一副管人的架势说"必须",转而来软的,委婉安抚或是扮可怜——往往都能成功。

"我对自由的要求,可能是我的人生第一要求。"40岁,徐静蕾语气中依然有小女孩式的任性,"我都可以不健康,但是我要自由。"

完美的父亲,不完美的女儿

年过七旬的徐子健先生显然是不服老的。跟《人物》记者见面的时候他正在染头发,利索的短发抹得乌黑油亮,穿一件中式暗蓝色褂子,用苹果笔记本电脑,屏幕上用便笺纸贴着操作步骤——先点保存再关机。他的普通话极其标准,字正腔圆,尤其是在提到女儿和自己的教育理念时,声音更洪亮了。

对女儿的早期教育,徐子健要求一种绝对的服从性。"她对我就服从惯了,小孩要有出息啊,得养成服从的习惯,很重要。"徐子健告诉《人物》记者,"反抗啊,没戏!"

他是无比用功的父亲,常常带着蓝墨水钢笔和厚重的硬皮笔记本去成绩好的小孩家里找人家父母请教,用哪种辅导书,看什么益智节目,一条一条,仔仔细细都记下来。

那是 20 世纪 80 年代初,徐静蕾刚上小学,"四个现代化"的大标语贴得满街都是,知识和教育受到新中国成立以来前所未有的推崇。在诺贝尔奖得主李政道的建议下,中国科学技术大学等一大批高等院校开始设立少年班,早期教育的风潮在社会弥漫。徐子健一有时间就去全市最老的北京图书馆看日本人木村久一写的《早期教育天才》,揣两个火烧,一只装满热水的杯子。书是新中国成立前出的,孤本,不能外借,他就一点点抄下来,厚厚的好几个本子。

其他孩子在外面扎堆玩耍,徐子健则用自行车驮着女儿穿梭在北京城,看各种各样的国画展、油画展、书法展。有些看得懂,有些看不懂,但是都不准缺席,按照徐子健的教育理论,这叫"双轨制"。午后,徐子健坐在挂满书法作品的房间里掰着指头对《人物》记者阐述教育理念:"实际上是要配合家庭教育,然后呢,要充分地利用公共资源。有好的学校,去图书馆,去展览馆,你接触到真正的人类文化的精华都在这地方。所以这个'双轨'比你这'单轨'可厉害多了!"

小学二年级,徐子健要求女儿报考少年宫的软笔书法班。考试安排在下午,徐子健一大早就来到位于景山的考场,带着笔墨、纸张、字帖,悄没声儿地去看上午场的考试内容。看完出来领着她拐进了北海公园,找湖边一条最肃静的小路,把要考的字一个个从名家字帖里挑出来,让徐静蕾铺开纸,照着练。下午考试,徐静蕾刚写完头一个字,少年宫的几个老师立刻围了上来,敲着桌子夸写得好,当场就定了要她。回忆那一幕,徐子健至今还是很得意的,他说,自己就站在窗外,望着女儿。

徐子健看重父亲在子女教育中扮演的角色。他出生在20世纪40年代，自己的父亲在他一岁时参军离家，他的母亲，徐静蕾的奶奶出身大户人家，脾气温和，心疼没了爹的小儿子，几乎从不打骂，也甚少管教。徐子健没怎么正经上过学，他将其归因于成长过程中父亲的角色持续缺席。等有了女儿，他希望成为完美的父亲，每一步都规划到位，让孩子上最好的幼儿园、最好的小学、最好的中学。

徐静蕾回想当年，却隐约觉得不喜欢。可她不敢违拗父亲。她在一篇回忆学书法经历的文章中写道："我变得越来越不爱上少年宫，又不敢跟父亲说，就开始偷偷不去了。我拿着一些从前写的字混事儿，每次上课的时间就在景山公园闲逛，景山公园是我最熟的公园。那段时间我撒了我这辈子最多的谎，常常担心自己会变成一个坏女孩。"

漫长的青春期，徐静蕾觉得自己都有些怯怯的，不爱说话，羞于自我表达，生怕自己跟其他人不一样。她并不知道自己到底喜欢什么。

北京"飒"蜜

2014年12月，徐静蕾在北京的一家摄影棚里对《人物》记者回忆往事。外面寒风拍打着窗户，屋子里却暖烘烘的，徐静蕾穿一件极简单的白T恤，跷着腿。她的面貌跟年轻时相比几乎没有变化，只是在大笑的时候,眼角能看到纹路。最近,为了拍新电影,她在3个月之内狂减20斤,每天喝不加糖的咖啡,抑制食欲。

"我工作挺拼命的。"她说。

过了一会儿,徐静蕾又说:"我今天也就是在工作当中,我才是真把拍电影当个事儿,而且这事儿我都觉得有点太较劲。但实际上我自己特别清楚,这其实根本就不是个事儿。"

直到现在,徐静蕾都觉得当初考电影学院是缘于某种无法解释的偶然。她是个好学生,但没学过表演,被不相干的人忽悠两句,站上了考场,就好像有什么手在推着她往这条路上走。考才艺时,她一支舞都跳不完整,绕着教室跑了一圈,心想没戏了,偏偏招考老师说:"你不要报别的学校了,我们收你。"

前些天,徐子健给当年的班主任刘汁子打电话,顺口问当初为什么要招女儿。"徐静蕾啊,"他一字一字向《人物》记者复述班主任的回答,"她说'我还没见着她呢,我就看她那简历,我就决定要她'。"徐子健在冬日暖阳中露出骄傲神色——那简历是他亲自帮女儿填的。他又一次强调:"她已经成为无论哪个教授都愿意要教的、要招的学生了,他们说'这个别放过',于是他们就抢起来。这些老师都是说三遍,'录取你了啊',不是说一遍,三遍。"

大学四年,徐静蕾化妆、交男朋友、蹦迪,用拍广告赚的钱买新衣服,请同学吃饭,撒欢一样享受着前所未有的自由。姑姑在崇文门有间空房子,徐静蕾忽然成了同学之中的大姐大,动不动就张罗一大帮人杀过去,自己先看电视剧,等电视剧放完,球赛正好开始,男生们就看球。那间房子是她"学坏的地方",她在那儿学会了抽烟、喝酒。她并不真的喜欢那些,只是以前父亲不允许做什么,她就偏偏想去做什么。

"当你真正可以这样做的时候,你就发现其实自己也不喜欢这样做,只是有好多事情真的是为了叛逆而叛逆。"徐静蕾对《人物》记者这样说,"但我真的想做这事儿吗?其实不是,就觉得我得做点坏事儿。"

电影学院的宿舍男女混住,录音系的安巍跟徐静蕾住斜对门,他记得徐静蕾晚上11点来敲他的门,问:"哎,咱晚上干什么去啊?"

"晚上睡觉呗。"

"睡什么觉啊,你不知道大学生晚上都不睡觉吗?"

"我就感觉不用睡觉。真的,我们好像就没怎么睡过觉。"安巍回忆,一张脸上全是笑意,他记得"老徐"的称呼似乎就是从那时叫开了。

对这些"坏事",徐子健至今毫不知情。那时他已经不再教女儿如何行事。"小时候要紧,形成习惯以后,后边要松。"他告诉《人物》记者,"如果我后边不松,你都给管傻了,那在电影学院怎么演小品啊。"在他看来,大学四年女儿大部分时间很快乐。他说,女儿其实是个"有假象的人",表面随和,内里坚定,在某些自己没有注意到的岁月里,自发生长出了他从未着力培养过的独立性,就像徐静蕾多年的好友高晓松送她的外号,"北京飒蜜"。

然而,徐子健同样没有注意到,女儿徐静蕾此时正用全副心思对抗着对专业的纠结和迷茫。

拍第一部电视剧《一场风花雪月的事》的时候徐静蕾还没毕业，每天出发的时候她都觉得自己是要"去送死"。那时导演是赵宝刚，跟她搭戏的是濮存昕。"那都是在我们心目中这样看着的演员。"徐静蕾伸长脖子，做了一个使劲仰望的姿势。她在里面演一个阅历丰富的女人，做警察执行任务的过程里跟黑社会分子谈恋爱，当了老大的女人，然后自己也成了老大。濮存昕演个小记者，老问徐静蕾饰演角色以前发生过什么事。她快吓死了，面对那么厉害的导演、濮存昕这样的演员，还不得不天天假装自己特别成熟。徐静蕾说："那简直就是灾难，就是一场灾难。"

戏播了。这一部再连上《将爱情进行到底》，徐静蕾忽然红遍全国。上银行办事，突然一个阿姨转过脸来说："哟，你不是那个吕月月吗？"极短暂的高兴过后，徐静蕾觉得"晃范儿"："所有人都在认识一个可能不是我的我。他们认识的是那个角色，其实他们并不认识我……虽然他们都叫我徐静蕾，但其实并不知道我是谁。"

演员这个职业为她积累了名气和财富，却几乎没有带来任何成就感。她常常"晃范儿"。演员太靠运气，她害怕这种成功来得太过容易，"盛名之下，其实难副"。导演张一白记得2002年拍《开往春天的地铁》时，徐静蕾疯狂喜欢开快车，快到张一白不敢坐。他提醒她，她就装没听见。

徐静蕾告诉记者，2006年自编自导自演的《梦想照进现实》是她演员时期的真实心态，电影讲的是一个女演员，拍戏拍到一半突然跟导演说不想演了——我能撤吗？女演员看什么都不顺眼，剧本不顺眼、导演不顺眼、社会风气不顺眼，最看不顺眼的就是自己。女演员演的角色叫"老徐"，徐静蕾说："念着台词，感觉那完全就是我自己。"

那时候外界说徐静蕾清纯,她心想,只有花仙子才可以叫清纯呢。说她是花瓶,她不服气,说:"就跟你们不是花瓶似的,只不过是没我好看的花瓶。"说才女,她更不好意思,"最多是比别人多读过一点诗歌古文……那些东西我太知道是怎么形成的了。就是我会的东西,都是我被我爸逼着死记硬背,那跟才华没有关系。"

终于,被一些"我非常尊重,甚至比较崇拜"的"大朋友"撺掇,徐静蕾决定执起导筒。导演带给她真正的自信。这时,她发现自己跟父亲的做事方式极像。父亲一直教育她要稳中有搏,不设太高的目标,也不冒太大险。第一部戏,徐静蕾拿自己的钱投拍,搏一次,不怕输,也不会对不起谁。

错位

徐静蕾的第一部导演作品叫《我和爸爸》。

她亲自改编了剧本,电影里的父亲酗酒、打牌、带女儿去酒吧,对早恋睁只眼闭只眼,告诉女儿不学无术也没有关系。"我觉得这么一个父亲,多好啊……可能是我梦寐以求的那种父亲吧"。回忆拍这部电影的初衷,徐静蕾说,自己的父亲几乎完全是电影里那个父亲的反面。

徐子健记得看完电影后告诉女儿,戏里的男主角跟自己只有一点像,他们都喜欢边走道边看报纸。但徐子健并不在意男主角跟自己有一点像。因为在女儿的处女作中,徐子健看到的是血缘。他说:"这种亲情无可替代,就是这么回事。儿子是混蛋,他父亲也得管着,就是这么回事,叫你没辙,血缘是无可替代的。"

《我和爸爸》拍摄时,徐子健去片场探班,一下子意识到女儿不一样了。拍摄场地是个层层叠叠的大院,徐静蕾送他出门,走到最外面一进,现场的民工、群演和灯光呼啦啦全站起来,相互通知:导演要出来了!"导演最威风。"徐子健笑,说没想到自己的女儿也成了领导。

徐静蕾却说:"自己那时完全是蒙的,什么都不知道,甚至觉得坐那把导演的椅子都特奇怪。"她根本就不知道该干吗,摆出来的镜头也不知道对不对,在现场完全是硬撑着,一点也没觉得威风。

像过去的很多年一样,徐静蕾和徐子健两人的认知出现了父女间特有的微妙错位。这些年来,徐静蕾每一次的情感震荡都是一个人承受。她恋爱又失恋,经历亲友的离去,独自抹平了内心的惊涛骇浪,徐子健并不知情。他从来没有跟女儿进行过推心置腹的深谈,在徐静蕾看来,父亲是老派的中国男人,含蓄内敛,和母亲似乎连手都没拉过。

在家里,徐静蕾跟奶奶最亲,奶奶会在父亲打她的时候使劲拦着,还会给她做好吃的湖南家乡菜。"因为父母严格嘛,所以奶奶的那种宠就显得格外温暖……否则,我童年连一点美好回忆都没有了。"徐静蕾说。

奶奶是沉默的爱。徐静蕾在电影《有一个地方只有我们知道》

里写了一个以自己奶奶为原型的角色,借女主角的口说:"我的奶奶总是默默地做这个、做那个,从来没看见她跟别人吵过架、红过脸,大声说话都没有。"徐静蕾奶奶去世那年,她在北京郊区拍《投名状》,奶奶总在夜里报病危,为此她不住剧组驻地,每天都回市区家里住,晚上打不到车,每报一次,她就在深夜无人的大街上朝医院狂奔一次,奶奶去世的那一刻,她感觉"北京的空气都已经无法呼吸",于是徐静蕾只身飞去美国,连弟弟的婚礼都没回来参加——"那才是真正的天地无用"。

2012年夏天的布拉格,《有一个地方只有我们知道》片场,当镜头缓缓推向一个老人时,坐在监视器后面的徐静蕾突然失声痛哭——导演了6部电影,那是她第一次在自己的片场流泪。"老人一直是我的一个死穴……可能真的因为奶奶,就对老人的情感是不一样的。"徐静蕾说到这里,眼帘垂了下来,"哎,咱们不聊这个话题了吧。"

记者把这一段故事告诉徐子健,他罕见地沉默了。顿了一会儿,简洁地说:"还是孝顺,她对奶奶、对父母还是孝顺。"然后他非常迅速地,重新回到阐释教育理念的语境下,一页一页翻从前的手写笔记给记者看:"你看我给她记的这东西,颂歌、海涅的,都是这样的诗。"他抬高声音,开始朗诵:

> 我是剑,我是火焰,黑暗里我照耀着你们,
> 战斗开始时,我奋勇当先,走在队伍的最前列。
> 我周围倒着我战友的尸体,
> 可是我们得到了胜利,我们得到了胜利。

笔记本有A4纸那么大,封皮已经在漫长的岁月里失踪了。徐

子健依旧把它们码成一摞，好好地留着。

或许，比起父亲，徐静蕾更习惯跟朋友分享内心的波澜。后来她有了一群年长的男性朋友，王朔、冯小刚、姜文、叶大鹰等，有些时候，他们会在某种程度上替代鞭策者、见证者的角色。

有些报道写，徐静蕾的成功是靠朋友，这个帮一把，那个扶一把。徐子健最不爱听这个。他觉得这完全是误读，他认为自己闺女的成功，实实在在靠她自己，也靠教育。"你这列火车，走到对应的轨道上它就会沿轨直接走下去，如果道岔没有给你扳差的话就是到北京，跟 GPS 似的，你去洛杉矶，你跑华盛顿，只要你想，它就得开过去。"

自由是不想做什么就不做什么

2015 年 1 月 4 日，徐静蕾从令人焦头烂额的电影宣传期中抽身，飞回北京。这天是徐子健 70 岁的生日。

徐子健正式迈入"从心所欲不逾矩"的年纪，徐静蕾也已经年过 70。几年前，她开始对媒体宣称不想结婚，不需要一纸结婚证来自我束缚，她自己就能给自己提供安全感。宣传公司的总经理陈炯记得带一批记者去布拉格片场探班，大家又问到这个话题。记者里有人已经结婚，还有一个刚刚生了小女儿，跟徐静蕾聊完，几个人都情不自禁地对陈炯说："我们为什么要结婚呢？为什么要生小孩呢？"而且他们都会站在老徐的角度说："你们为什么要逼她结婚呢？人家很幸福啊，很好啊。"

在婚姻问题上，徐子健似乎和徐静蕾达成了某种默契，在这件大部分中国家长都看得极重的事情上，他几乎没有干预过女儿。他认为女儿是成功的，并且也将其视作自己的成功。"这就足够了，这样其实是不容易的，你看她的片子，她连着这五六部片子全过亿，包括她参与的、执导的。其实是很不容易的，电影市场绝大部分全是赔得稀里哗啦"。迄今为止，徐子健最看重徐静蕾凭借《爱情麻辣烫》获得的中国电影表演艺术学会奖，由权威专家评选而出，而徐静蕾饰演的角色，在戏里一句对白也没有。

2015年1月4日晚上，徐静蕾和弟弟一起张罗，为徐子健办了一桌寿宴。徐子健请来50多个老友，用将近30分钟对每个人表示了感恩。徐静蕾在席上喝了白酒，没送什么特别的礼物，也没有特意发言。父女俩都觉得，彼此之间已经到了不需要什么仪式感的时候。

徐静蕾的好友、编剧霍昕向《人物》记者回忆，几年前在日本见过徐父一次，老爷子戴眼镜，看起来温文尔雅，拿一个乒乓球拍，到处想跟人切磋，同徐静蕾之前和她描述的严厉似乎不尽相同。那是徐静蕾跟闺蜜的旅行，带着父亲一起。

现在的徐静蕾感到真正的自由——自由就是不想做什么就不做什么。拍完上一部电影《亲密敌人》之后，她完全休息了两年。陈炯去她家看她，她照例是不会做饭，叫海底捞外卖。

其间，徐静蕾不断收到父亲的信息："你不能老闲着呀，得干事儿。"她通常是对着屏幕笑一笑,不应声。跟小时候的闷声不响不同,如今,她已经靠自己的力量成长为强者,有了自由的资本,更有了理解父辈的能力。"小时候觉得我特别不幸,觉得怎么就我那么倒霉",现在,她却越发觉得,人生就像父亲所言,感情过于细腻和脆弱,对生活毫无用处。原来,父亲在很早的时候就开始教她如何自处。她不愿意混圈子,讨厌参加时尚活动。徐静蕾说:"从小我们家教育我应该读书和学习,是为了长大后来打扮得花枝招展的,拿着一酒杯,假装跟谁都很熟——是让我干这个事儿的吗?真心不是。说实在的,所以我觉得那事儿挺丢人的。"

"这话挺精彩,是吧?"听了记者的转述,徐子健坐直身体,"这种'不接触主义'挺好的。"

最近两年,徐子健正写一本书。这时候,徐子健和徐静蕾的角色颠倒了,徐静蕾变成了教导者。父亲徐子健有时候甚至有点佩服她:"但凡闺女说写得好的段落,大学里的教授和出版社的编辑也说好,不愧是搞文艺的,还行。"

徐子健已经给自己选好了一块墓地,并且叮嘱徐静蕾,到时候,碑文只刻四个字:劳碌一生。"我现在就是什么都顺着他,只想让他高兴。"徐静蕾裹在羽绒服里温柔地笑了。

papi 酱小姐：
一个敏感的知识分子网红

○
○
○

文｜黎诗韵／卢美慧　编辑｜金焰

与很多天赋型的喜剧演员一样，现实中的 papi 酱有着极度悲观、极度缺乏安全感的一面。

习惯性紧张

敏感的 papi 酱不得不每天都面对自己在视频里极尽夸张的那张脸。

在她的公司进门的墙上挂着一台大电视机，循环播放着她的视频，声音很轻，显得 papi 酱的表情格外夸张。papi 酱说："一到公司就看到自己的脸，就像大庭广众之下听自己的语音，简直太奇怪了。"她抗议了很多次，想把它关了，但抗议无效，于是每次进公司，瞥上一眼就匆匆钻进办公室，即使是在自己的公司，当别人看自己的视频，她还是紧张。

平常 papi 酱会悄悄地溜进办公室，公司员工只有听到她录制视频的声音，才能感知她的到来，"突然间听到屋子里面爆发出笑声，或者尖叫声，穿透墙壁，穿透门，只有那个时候，你才知道，哦，她来了"。

"她来了"。她已经不仅仅是"2016 年第一网红"的 papi 酱。2017 年，除了不定期更新赖以成名的短视频，她还成了一家包含她名字的创业公司的老板，拍了奢侈品手表和一家运动品牌的广告，出演了陈可辛监制、吴君如导演的新片。

走红给 papi 酱带来的最大变化是忙和累。2017 年 9 月里的某天，坐在《人物》记者对面的papi酱说起过去一年最忙的时刻："3天多没睡觉,连写带拍带剪了3个视频,视频发布前半个小时在床上躺着想稍微歇一会儿。我躺床上给杨铭(大学同学、papitube合伙人)打电话,一边流眼泪一边说,以后再也不要有这种事情发生了,我接受不了,我真的是累死了。"

采访这天,papi酱套一件绿色罩衫,藕色的阔腿裤,因为太瘦,衣服松松垮垮地挂在身上。聊到高兴的时候,她把凉拖一甩,两条腿盘到椅子上,挥着手臂:"我跟你说啊……"神色表情都和视频中的她如出一辙。

但也有不同的地方。和那些爆红的网络小视频中呈现的欢脱、搞怪、彻底放飞自我的形象相比,此时的papi酱更多地呈现出了她羞涩的一面。她很多次说起自己的紧张:"面对媒体我会紧张,参加活动我会紧张,甚至剪辑好短视频即将按下发布的时刻,我也会紧张。"

敏感的人是不愿意暴露于人前的,尤其是在她"变身"的时刻。

无关人员是不能看papi酱录视频的。她羞于在人前表演,除了内容团队外,其他人都不能进入录制房间。她不敢当众表演的习惯早已有之,早年在家拍视频时,她会让丈夫老胡戴上耳机去另一个房间,不能听,也不能看。

"有一些东西,在别人面前展现你会感到很不自在,很紧张,放不开,就是你在我就录不好。"papi酱说。

发布视频是papi酱最紧张的环节,这已经成了她的一种习惯性的紧张。"只要我发视频,那我就都是紧张的,不管之前已经准备了多久,修改了多少遍。搞得我们内容团队也很紧张,啊!今天要发视频了,就是那种,还有3分钟!还有2分钟!基本上每周都是这样。"她说。

和这个时代的众多年轻人一样,网络能给papi酱自在和安全感。只有在自己面对手机摄像头的时候,她才能没有顾忌地、完全地释放,在自己的空间自由自在地表演,嬉笑怒骂,输出一个犀利搞笑的"papi酱"。

"感谢互联网的诞生。互联网是谁发明的啊!"谈及成名,papi酱一脸庆幸。

成名

在公司,年轻一点的同事会一本正经地叫papi酱"pa老师",《人物》记者询问这个喜感十足的称呼的由来,papi酱乐了:"这个这么好笑吗?"

"他们不知道怎么称呼我,觉得叫'papi'好像不尊重,叫'papi姐'好像也不行,毕竟是老板。那叫什么?不知道谁开始,全公司忽然都管我叫'pa老师',也有人喊我'pa',然后现在变成'我pi'。"papi酱左右转动头部,先是皱眉做茫然状,然后开始分角色演绎,一节节地停顿,音调忽高忽低,描述完哈哈一顿大笑。

"papi"这个网名伴随她已久,自大学开始,这个本名姜逸磊的上海女孩就陆续用这个ID注册了天涯、贴吧、豆瓣等账号,并开始长期沉浸在网络中。注册豆瓣9年来,她发过2400余个帖子。大学同学、papitube COO霍泥芳形容她:"上网的时间比别人多好几倍,一天到晚都在网上。"

papi酱自己也说:"我每天晚上到家再晚,也必须要有两到三个小时的时间给自己休闲娱乐,或者自己安安静静地上会儿网。"她甚至在贴吧上找到了自己的同班同学、后来成为papitube合伙人的杨铭。

"她是我朋友中'网感'最强的人,特别了解互联网在干吗,有什么话题、八卦。我去问她最近发生什么事了。'哎哟,最近有大事啊',谁跟谁又怎么了,她都很清楚。"杨铭说。

"网感"是papi酱成功的重要原因,作为众多"网瘾少女"中的一员,她比谁都清楚这一庞大的群体喜欢什么、反感什么,也很清楚地知道,现代生活这么累,大家多么需要快乐。

2015年正是短视频的风口期,papi酱注意到小咖秀等APP的兴起,她模模糊糊觉得自己可以做点事儿。当年7月她和霍泥芳创建了"TCgirls爱吐槽"拍摄短视频。她的第一条视频是对电影《小时代》的吐槽。最初的视频一直不温不火,转折出现在她发布的"上海话+英语"第一弹,当晚视频的浏览量冲到了170万,这是她红的开始。

"Sophie,你听我讲,listen to me。哦,你以为他跟你Wechat聊聊天他就fall in love with you了对伐?你帮帮忙,不

要那么 naive 好伐？"papi 酱在里面扮演一个伶牙俐齿、为自己闺蜜解决情感问题的上海女人，她中、英、日文夹杂，上海话说得极溜，快速的剪辑，极强的节奏感，富有张力的表演，人们迅速地注意到这个"集美貌与才华于一身的女子"。

"当时做视频没想过会火，更没想过她会火成今天这个样子，这是不管她还是我，还是杨铭，还是身边的所有人全都没想过的一件事。"霍泥芳说。

所有人显然都没对这种巨大的人生反转做好准备。有一天，杨铭和 papi 酱一起去商场买东西，papi 酱被人认出并求合影，她回忆道："他当时的反应就是直接脱口而出，'姜逸磊怎么会有这一天？'。"

papi 酱觉得自己的视频被人喜爱是因为，生活中观察到的一些现象，引起了大家的共鸣。一篇外媒的文章评论她："以前中国的著名喜剧演员往往是乡土气息深厚的幽默，调侃的是种地、吃大葱之类的事情，而 papi 酱吸引的是白领，他们希望吐槽自己都 39 岁了还没结婚该怎么办。"

papi 酱一直很关注个人生活，在豆瓣发帖时，她讨论的多是自己的身体、偶像、学业、家人、人际关系等事情，她也清楚地知道在视频中聊这些话题更容易引起共鸣。然而，很多人喜欢她的视频，还是因为其传递的价值观——性别平等、人格自由、自由恋爱、事业独立等。她在视频里讽刺对女性开黄腔的人、电影市场乱象等，就像在做中产阶层看的讽刺喜剧。

papi 酱说："我是一个文字能力不是特别强的人，我最擅长的是表演,是用一个相对喜剧的东西,把我的观点表达出来。"她从高中起就是文艺积极分子,经常表演自己写的小品,现在在镜头前表演她也游刃有余。

"成功都有偶然性,但也离不开必然性。我觉得一是我上网多年,互联网经验丰富,再加上我天生比较有幽默感吧,又比较有表达欲,再加上我在中戏学了7年的导演,所以我可能在表达上、节奏上、内容上、台词上,比一般人更专业一些,也更懂得如何去做。"papi酱这样总结自己走红的原因。

烦恼

突然的走红打破了网络和现实的界限,papi酱从豆瓣小社群被推向更广阔的社会舆论场,3个月内,她涨粉数百万,到今天,papi酱在各个平台上的粉丝总数已经超过9000万,比很多一线明星还要多。

和如今盘腿坐在记者面前的轻松不同,走红之初, papi酱惶恐至极,她拒绝了所有找上门的采访。"为什么?当时自己心里太乱了,太慌了,不知道怎么去面对这些镜头,不知道应该说些什么。"papi酱说。

于是papi酱躲了起来。2016年4月21日,在罗振宇、徐小平等人的运作下,papi酱第一条视频广告拍出2200万元的天价,这次拍卖结果成了全民话题。

但是当天,papi酱并没有出现在现场。她在举行拍卖会的酒店楼上的房间,捧着手机看视频直播,她说:"我看直播都已经很紧张了。"

papi酱曾经在访谈中提到,出名之后,褒贬每天像潮水一样涨上来落下去再涨上来,从小养成的忧患意识让她经常都保持着"迷茫"和"瞻前顾后"的状态,凡事先往坏处想。那时她吃不下饭,睡不着觉,总有一些嘈杂的声音让她难以释怀。

不只papi酱自己,她的突然走红也波及身边的朋友。围观者不相信仅凭这么一个瘦瘦弱弱的小身板儿,就能如此那般呼风唤雨,一夜之间红透半边天。彼时好友杨铭已是经纪公司泰洋川禾的CEO、Angelababy、陈赫、周冬雨几位大明星的经纪人,他说:"突然有一天早上我醒来后,就变成了各大公众号标题中'papi酱、Angelababy背后的神秘男人'。"

papi酱气坏了。她无法理解:"我没有得罪过、伤害过任何一个人,为什么这种事情会发生在我身上!"

当时她举报了某位造谣者,但未获回应,因此气得一晚上没睡好,一边往嘴里塞饭一边掉眼泪。

杨铭说:"一旦人红到了一定程度的时候,其实有一件事情是需要学习的,那就是——妥协。要妥协很多事情。我觉得这个可能是她要慢慢去了解的,从学会妥协,到慢慢适应,这是一个成熟的过程。"杨铭给papi酱做了不少心理建设,那时papi酱老转不过来一个弯儿,世界怎么会突然冒出那么多莫名其妙的恶意,她不可置信地浏览着那些充满恶意的信息说:"大家伙儿究竟是怎么编出来的啊?!"

papi 酱看清自己是个太容易悲和喜的人,她给自己的座右铭是"不以物喜,不以己悲"。在 2013 年跟某位豆瓣网友的互动中,她隐约透露了自己的这种敏感。

面对"看开点不就行了"的劝解,她回复说:"就是特别容易看不开,任何事儿只要我在乎,就会在我眼里放大 N 倍,特别不好。我容易紧张容易焦虑,心思比较沉重。"

走红的压力终于让她情绪崩溃,她打电话跟杨铭大哭。"当时很多人说了一些不好听的话,她看见了就一直在哭。我说:'那咱们就站出来,把想说的话说一下,以正视听。'"杨铭说。

papi 酱因此接受了媒体采访,但那时候她还是不愿意见人,在给《腾讯娱乐》的文字回复中她写道:"我没有推手,幕后没有,幕前没有,天幕没有,底幕没有,侧幕条也、没、有。"

papi 酱花了很长时间消解外界的声音。

在豆瓣上,她说自己,每天做 800 遍心理建设。她也努力从网友身上寻求安慰,有一次 papi 酱对网友说:"谢谢你们!今天的心理建设有你们的一份功劳!谢谢楼上对我充满善意的你们!"

事隔两年,papi 酱对《人物》回溯自己的心路历程:"你已经在这个环境里了,你应该去适应它,习惯它,然后慢慢地……我现在其实很多时候还是会紧张,但还是比之前要好很多。"

"任何一句嘈杂的话语打到她身上都是巨疼无比的,但她现在可以消化,可以屏蔽,这是一个特别巨大的成长。她本来就是一个心很重的人,当这么多的声音来了以后,逼着一个心重的人把这些嘈杂的声音放下了。"霍泥芳说。

在此期间,papi酱的丈夫老胡扮演了很重要的角色。papi酱很早结婚,突然走红也没刻意向外界隐瞒什么。"他会劝我,但是很普通的那种劝,'哎呀,该来的肯定会来,你担心也没有用对吧?我们待会儿去吃点好吃的,你先上上网,玩玩游戏'。"papi酱向记者模仿起老胡的语气和表情。

papi酱形容老胡是个很稳重的人,她说:"他知道我现在粉丝很多,知道我现在可能很红,但他就是,该玩游戏玩游戏,该睡觉睡觉,外部的改变对他基本上构不成影响。"老胡让papi酱的内心保持了一种稳定的状态,"他说我开心就好了,'啊!你回来了,大咪(papi酱养的肥猫)屁股该涂药了'"。这份定力让papi酱安心不少,也让她在经历最初的混乱后尝试廓清边界:网络是网络,现实是现实。

极度外向的悲观主义

与很多天赋型的喜剧演员一样,现实中的papi酱有极度悲观、极度缺乏安全感的一面。

每当外出,她在宾馆床头必须放上一套东西:一杯水、润唇膏、眼药水、梳子、餐巾纸、袜子,摆放的位置必须要跟在家时一模一样,如果没有这个熟悉感,她就会很慌。

走红给papi酱带来的忙碌制造了很多无奈,过去一年,她只在过年的时候陪了父母5天。有一次,妈妈一个人骑车去做了全麻的胃肠镜,麻药散去在床上躺半个小时就回家了,她心一沉:"就觉得,我妈万一生个啥病,我都没法回去陪她。"

想到家人的时候,她有时不自觉地就哗哗地流眼泪,"不以物喜,不以己悲"是个大境界,她并不能做到:"很难啊,你说,你看我们窗外芸芸众生有多少人能做到?"

抛却外界纷扰,拿到中央戏剧学院的考试通知书是papi酱回忆中最开心的部分。她是瞒着家人报考中戏的,考完3个星期后的某天,她跟父母坦白自己考了中戏导演系。papi酱说:"他们当时脸就黑了,我也没理他们,转身就上学去了。"不过,当天中午她妈妈去邮箱取信,中央戏剧学院文化考试通知书如约而至,看着那张粉色的纸,全家人都笑了。

"你永远都会记得一家三口都非常非常的高兴,你会记得那个氛围,之后应该没有再超过这件事的开心程度了吧。"papi酱十分珍视自己在现实生活中所有快乐的瞬间,并十分坚定地拒绝走红这件事对她的现实世界造成影响。她小心翼翼地和外界保持着安全的距离:在社交平台上,朋友要发布与她相关的内容都会先经过她许可,如果有人提到她的个人信息,她会发私信小心地请对方删掉相关内容。

大多数时候，papi酱身上呈现的都是一种被动人格，在走红之前、大学毕业之后的很长一段时间，papi酱尝试过很多工作，她跑过剧组，尝试过导演，也写过剧本，但最后都不了了之。

从中央戏剧学院毕业之后，她也去试过几次戏。这种表演时常让她在面对其他竞争者时，失去对自己的信心。"当时跟你一块试戏的，人家比你小，人家20岁，你当时已经什么23、24岁，然后你还矮，人家1米72的高个儿，就是条儿顺、盘儿亮的那种，你长得也没有人家好看。去了一下子就觉得，哦，我没有自信。"papi酱说。

有一次，她到现场直接就走了，觉得"啊，我肯定不行，走吧，回去吧"。

没有正式工作的4年，她"全是靠老胡在养"。她形容当时的自己是没有追求的人，做的最有追求的事情可能是"定期买彩票"。这个习惯一直坚持了好久，直到网络叫停彩票销售，才击碎了她"不劳而获的美梦"。

最穷的时候，为了省钱，她天天自己做饭，"煮点面条，放点青菜什么的，做得可难吃了，老胡硬着头皮一边吃一边说，'还不错'"。

"那时感觉每一天都好开心呀，无忧无虑的，每天躺在床上都躺得心安理得，那时候真的对自己没有要求，没有理想，并且我很满足于那种生活"。说到这一段的时候，papi酱满脸沉醉于回忆中的满足。她不避讳地谈起自己性格中消极的部分，"我经常'知难而退'，很多事情我不用遇到，觉得它很难，我就退了"。

没有工作的那段时间被 papi 酱形容为"一段没有任何目标的日子"。说到这里的时候，她再一次说道："感谢互联网。"这一次 papi 酱调皮的神色少了一些，"依靠短视频走红之后，带给自己最大的变化，就是突然有了目标，尤其成立了 papitube 之后，就会特别希望帮助 papitube 的创作者在短视频行业站稳脚跟，做出些与众不同的东西。"

谈及性格，papi 酱说自己是个"极度外向的悲观主义者"。小时候她就时常会有悲观的想法，比如"活着的意义到底是什么？人为什么要活着啊？"这些想法扎在脑袋里，甩也甩不掉。

但与此同时，papi 酱又很害怕自己会把这种悲观带给周围的人，所以她在生活中会表现出和内心深处的自己完全相反的一面，比如在朋友和家人中间，她是绝对的开心果，又比如有她在的场合，就绝对没有冷场的时候。

早在走红之前，表演就是 papi 酱在生活里抵御悲观的一种方式。"papi 酱的悲观不是写在脸上，而是生活中该开玩笑开玩笑，该讲段子讲段子，是这么个状态。"好友霍泥芳说，"她不会把这种悲观的东西表达出来，而是说自己心里会有这样消极的东西在。比如说当遇到一件事的时候，我们都觉得，'哎呀，这是一个非常好的事'，她会觉得，'哎呀，我会不会做不好'。"

这种悲观或许正是 papi 酱习惯性紧张的成因，这让她很难像自己在视频中呈现的那个形象一般肆意和快乐，别人心心念念的名利，到了她这里常常苦大于乐。

坦然

2017年下半年，因为罗辑思维撤资、退出分答社区等事件，关于papi酱名气走下坡路的说法很多。但在2017年9月微博发布的视频自媒体榜单上，papi酱仍然保持在第一的位置，papitube也在微博视频机构榜单的前列。

与《人物》记者谈及此事时，papi酱很坦然，她觉得与其操心这个，不如想想怎么把内容给做好，有朝一日真过气了，也是自然规律。

2016年3月，走红仅几个月的papi酱获得罗辑思维、真格基金、光源资本和星图资本的1200万元投资，估值1亿，站上了网红金字塔塔尖。

杨铭对《人物》记者回忆，在2016年3月17日的晚上，他和papi酱在真格基金创始人徐小平家见了罗振宇，他们不像有些投资人一样只谈钱，而是讲了很多自己做的事情和对未来的理解。杨铭说："当晚的聊天让我们很有安全感，不管氛围是营造出来的还是怎样，那一刻我们的内心是很舒服的，会觉得突然有一盏明灯照进来了。"

但合作开始不久，罗辑思维要退出papitube投资的消息便不断传出。2016年11月24日，杨铭在微信朋友圈确认了这一传闻。他写道："关于罗辑思维，在明确'得到'业务后他们原价退出了所有的投资项目，papi酱只是其中一家。"罗振宇在这条声明底下留言称："江湖就这样，别介意。总有人愿意看笑话。"

谈到罗辑思维退出投资这件事时，杨铭的态度与papi酱非常相似。他说："没有人能够永远站在制高点，要能接受爆红，也能接受平静。"他表示，与罗辑思维合作中止，只对舆论有影响，对商业没有冲击。

papi酱并不管公司的投资运营，她和杨铭各司其职，她只负责内容，但罗振宇的撤资仍让外界视她为被抛弃者。但杨铭对《人物》记者表示，罗振宇的撤资不能理解为"抛弃"。对此他解释道："因为罗辑思维和papitube毕竟是同类型的公司，它不是一个纯粹的投资公司，每个人都有自己的立场，拍卖会之后我们双方的沟通就非常少了，两个公司之间的摩擦或者说分歧，或者说可能有一部分理念上的不同，我觉得都是完全可以理解的，这在商业社会里非常常见。"他表示，papi酱团队跟罗辑思维团队的关系依然友好。

"我们其实跟罗老师和花姐（罗辑思维CEO"脱不花"）没有发生不愉快的事情，现在我们有事还会聊一聊，花姐还会给我推荐个什么人"。杨铭甚至理解罗振宇当时的决定，他说："因为我现在在上混沌大学，花姐当时也在上，所以我能理解他们那时坚定砍掉所有业务专心做'得到'的做法，其实如果我站在那个角度，我也可能会这么做。"

对于商业运作，papi酱也展示出了自己"知难而退"的一面，商业上的事情她都交给杨铭和霍泥芳。对于外界视她为网红经济的风向标，她看得比较淡，修炼了一年多的时间，再多纷乱的声音她都有心理准备，别人说别人的，她自己还是关起房门安心录视频，而这也是她最放松和开心的时刻。

前阵子，papi酱特别迷《中国有嘻哈》，因为感觉特别真实，特别带劲，于是她突发奇想拍摄了有关嘻哈音乐的视频，表演结束后，霍泥芳看到 papi 酱在办公室里喘得完全说不了话。

但这些时候，papi 酱是最过瘾的。

闫妮：梦中人

○
○
○

文 | 姚璐　编辑 | 季艺

她的银幕形象，很多时候都是朴实的、幽默的，但她和角色有一种疏离，甚至是某种反差，她总出神，不善言辞，对解释自己也没有兴趣，通常是听完对方对自己的阐释后，迟疑又恳切地回答，"对""是吧"。程耳说，他设想过一次闫妮生活中的样子——常常独处，常常沉默。

她总出神

她46岁,单身,一个人住,如果不在剧组拍戏,她便会过着一种清淡安静的生活:看碟、听音乐、喝咖啡、吃东西……还有什么吗?她也想不出了,"反正我就待着……然后时间就过去了"。和朋友聊天也比过去少了,寂寞的感觉偶尔会侵袭她的生活,电话突兀地响起,有时还令人害怕。其实很多时候电话那头是房屋中介,"偶尔太寂寞的话,就跟他们聊两句……'姐,你要什么,我现在有什么好房推荐……'我没有拍戏的时候,也会偶尔跟这些没有关系的人说些话,差不多就是这样的,可能因为我还是比较孤单的"。

见到闫妮的这天,她没有化妆,戴着一副墨镜。在咖啡馆一落座,闫妮就把墨镜推下鼻梁说,前几天夜里,她在浴室摔了一跤——她指着眼皮上的瘀血,这是本约定在早几天的会面推迟的原因。

她的声音轻柔而和缓,她最熟悉、最自然的关中话也如此,爽朗中有一丝隐隐约约的嗲。闫妮虽然是北方人,但经常让人感到她身上充满了南方的气质,而且她为人做事的态度里常常有一种很温婉从容的感觉。后来因为这个,导演程耳在描写上海的电影《罗曼蒂克消亡史》中起用了她。

那种说不清道不明的气质,用程耳的话说——是一种"暧昧感"。

她的银幕形象，很多时候都是朴实的、幽默的，但她和角色有一种疏离，甚至是某种反差，她总出神，不善言辞，对解释自己也没有兴趣，通常是听完对方对自己的阐释后，迟疑又恳切地回答"对""是吧"。程耳说，他设想过一次闫妮生活中的样子——常常独处，常常沉默。

闫妮没有她饰演角色身上的那种烟火气。她最好的朋友是演员耿乐，两人在拍摄一部红军题材电视剧时相识，拍摄地在四川山区，冬天的夜里又湿又冷，演员们就坐在炭火盆前取暖，大家一边烤火，耿乐一边唱歌，唱20世纪80年代的粤语流行金曲，她喜欢听，听得眼睛发亮："哎呀，乐，你唱得真好，再给唱一遍。"

带给她快乐的都是这种浪漫的场景。耿乐的经典银幕形象是文艺青年，忧郁的、迷惘的文艺青年，其实真实的闫妮也是如此，她解释自己和耿乐成为朋友的原因："因为耿乐以前是学画画的，他是中央美院的学生，年轻的时候还披一头长发，是我特别喜欢的样子。"

让耿乐意外的是，拍完戏后，有一天在开车，他收到闫妮的短信，大意是"怎么忘掉一个人？"耿乐立刻回了电话过去，那是冬末春初，她正处在一段痛苦纠结的感情关系中。耿乐告诉她："你看现在，春天快来了，但是你不要期待春天，你要学会享受余冬，余冬的萧瑟、寒冷，你要承认这件事。"

她也记得这段话，"寒冬快过去了，你内心的痛苦快过去了，他说，'你要享受你的痛苦'"。后来他们经常联系，她喜欢去耿乐家玩儿、聊天、听音乐，经常哈哈大笑，她是夜猫子，常常到了很深的夜里也舍不得离开，耿乐说："闫妮特别像一个孩子。"

但耿乐不知道她一个人独处时的状态:"她没跟我说过她一个人的寂寞、孤单,她从来不说。"

她的同事陈纪彤也是偶然才撞见过这种状态,有一次陈纪彤拍完戏送闫妮回家,那天北京下大雨,闫妮家的电梯被淹了,两人走上十几层楼,发现房子里也漏雨了,窗台也被淹了,家里的垫子、衣服都湿了、染了,两个人打扫了好几个小时,她突然怔怔地说:"哎呀,也就你跟我一起回来,如果我自己回来的话,我该怎么办呀。"

白日做梦

闫妮最近在家里把丹尼尔·戴·刘易斯的电影又看了一遍。刘易斯 15 岁时,他的父亲去世,后来他演《哈姆雷特》,在演到哈姆雷特和父亲亡魂对话那一幕时,他有一瞬间恍惚了,他认为自己真的在和父亲对话,然后他从舞台上掉了下去,从此丹尼尔·戴·刘易斯再也不演舞台剧了。

闫妮说:"丹尼尔·戴·刘易斯的感受我特别能明白。"但她有时也恍惚,总在某一些场景前,分不清楚眼前是戏剧还是生活,她想自己成为演员有可能是命运的安排。她说:"我觉得角色有时候是一张面具,有了这张面具,我就可以尽情地去把自己的感受表达出来。"

闫妮从来都是一个感受型演员。耿乐记得,拍戏的时候,闫妮和日常的她大不相同,非常坚持自己的意见,可以用"执拗"这个词。他说:"闫妮是从情感出发的,你让她说一句在她的感受里没有的对白,她觉得她就是说不出来。"

对此,张嘉译也印象深刻,他和闫妮合作《一仆二主》时,有几次吵到快要打起来了。闫妮不善表达,但对于她自己不认可的片段,闫妮坚决不演。但一旦她理解了人物,敞开演的时候,现场工作人员就乐得收不住。张嘉译说:"那会儿基本上她只要敞开了演,在场的演员就基本上都演不过她。"

编剧俞白眉和闫妮在拍摄《武林外传》时相识,后来两人又合作了《房前屋后》。在拍摄时,闫妮总是会拿着剧本去问俞白眉,某段戏是什么意思。"有的时候她问的问题让你瞠目结舌。啊!这个你都不知道什么意思吗?为什么她会问那么简单的问题?其实她当然懂那是什么意思,她只是在问那个人的感受到底是什么。"俞白眉说。

俞白眉到今天还记得 10 年前的一场戏:闫妮饰演的母亲去学校为儿子求情,她一直表现得很软弱,直到教导主任说她的儿子是个社会渣滓,妈妈突然就爆发了,你怎么可以这样说我的儿子?

闫妮从软弱地恳求到爆发的一瞬间,俞白眉感受到了一种本能的力量,类似于老虎因为幼虎受伤害而被触怒的瞬间。

"很多演员靠技术就可以把戏演完,闫妮其实从来没有做过那样的事情,她每一次表演都是先找到感受,我觉得这是她成功的秘诀……找到感受之后,她表演的准确和丰富就是令人惊叹的。"俞白眉盛赞她是"中国最被低估的女演员",但又觉得胜之不武,他认为闫妮的表演是完完全全的天赋使然，对此俞白眉说："就是上帝安排这个演员会演戏。"张嘉译的话则是："天分就那么高了，没办法。"

"我也不知道我有没有什么天赋。"闫妮喃喃地说，"可能是我内心热爱表演吧。"

沙溢记得，《武林外传》拍了8个月，拍到后面大家都疲了，只有闫妮，"每天都一直在揣摩着自己的那些台词，她不停地练习，不停地唠叨着……8个月里，她其实就像火焰、小火苗，从来没有熄过，一直在保持着那个热度，保持着炙热的那种状态"。

拍摄《武林外传》之前，闫妮是一个跑了10年龙套的小演员，最大的愿望是演上主角。拍戏期间，她经历了一场离婚。在片场，她有时会躲到楼梯边偷偷哭泣，回到镜头前又重新变得言笑晏晏，她在那部戏中塑造了泼辣爽利的"佟掌柜"，后来她总结道："喜剧的东西，一定是身上有些沉重的东西在里面。"

沙溢有时候就在楼梯边安静地陪闫妮待上一会儿。他对《人物》记者说："闫妮整个人基本上是全身心都投入在这部戏当中的，我觉得跟刚刚离婚是有很大关系的，因为现实生活当中可能带给她的是苦涩和酸楚，所以她希望能够活在另一个世界、另一个环境当中，因为这个环境和这个世界可能带给她更多的快乐。"

俞白眉说，闫妮很少像其他热爱表演的演员一样喜欢聊表演，他观察发现，她演戏是很过瘾的，她自己特别自得其乐，所以对她来说演戏不是负担。拍《房前屋后》的时候，俞白眉写了50集剧本，是两个厚厚的大黄本。他从来没有见过闫妮手里那样的剧本，就像小学二年级男生书包里咸菜一样的课本那样，俞白眉说："如果一个人不是每天睡觉抱着剧本的话，剧本不可能被蹂躏成那样……就是因为她翻得太勤。闫妮每天都盯着剧本看，她的剧本特别怪异，上边永远做着密密麻麻的标记。比如说有一些演员习惯让助理拿荧光笔画自己的台词，闫妮不是，闫妮自己琢磨，琢磨戏本身最核心的东西。"

闫妮把自己和角色的相遇当一种缘分。"那一刻我们相遇了，就像想要出门远游的人遇见了一列通往远方的车，就坐这一列车，我一定在这一列车中先坐下去，在我坐下去的那一刻，我跟车其实已经是一体了，'我'在这个时候不存在了。"闫妮非常郑重其事地说，"表演对我最重要的意义是大白天也可以做梦。"

对待"梦"，闫妮格外认真，她说："我一定要我们思想上是互通的……如果不通的话，做出来的'梦'就会很假，假的东西，肯定不是我想表达的。"

执迷不悟

闫妮说自己是很难走进真实的生活的一个人。她指的真实的生活，是柴米油盐、洗衣煮饭，她统统兴趣不大。和她同住一个小区的战友，最近迷上了炒土豆丝，这盘炒土豆丝有特别的讲究，这个战友每天请自己的大姑子切好土豆丝，从很远的地方拿过来，炒的时候也有秘方，不可外传。每次看见闫妮家灯亮着，她就喊闫妮过来吃饭。

这个战友是闫妮上解放军艺术学院时期的同学。闫妮说:"她也曾经有过梦想,也拍戏,中间还当过导演,但是这一切,有一天她都觉得没有了,她现在的兴趣就是炒土豆丝,每天乐此不疲。"

闫妮觉得那盘土豆丝真好吃。但是她对这样的生活没兴趣。"我还是需要精神上的一种东西。"精神上的东西是什么?闫妮的朋友小柯有个酒吧,大家每天在一块儿玩儿音乐,小柯会弹爵士钢琴,闫妮在台下看着,觉得太美好了。"我唱歌不好,但是很喜欢这种感觉,就总去玩儿看着他们这些人……很自由的。"

许多人年轻时喜欢摇滚,到了中年也变了,笃信平平淡淡才是真,开始构筑稳定平和的生活。但是闫妮不想要这样的生活。耿乐说:"如果她想要那样的生活她早就有了。"

闫妮痴迷民国,她津津乐道于民国时期的传奇女性,上网的时候只要看到有关民国的文章,就一定会点开来看。她说:"那个年代的人活一生,可能真的痛苦,但也真的值得。"

她希望能有机会扮演丁玲,她说:"她坐了那么长时间的牢,她出来还敢披一件红的围巾……人家吓得都不行,她还在乎这一抹红,她都经历这些了,还是这样。她永远都想要,而且她自己想要什么她就敢。你知道吗?我们现在很多人是不敢了。"

可能搞音乐,比如摇滚,必然会带给你一些很痛苦的、很不安定的东西。但闫妮会毫不犹豫地选择它,她说:"因为那种东西能带给我快乐,那种快乐只有我自己知道。当然,可能人也需要一些温暖的东西,但是那种东西是能分泌多巴胺和荷尔蒙的。"

《人物》记者问:"很多人年轻的时候这样想,慢慢也变了。为什么你始终保持这种心态?"

闫妮说:"因为我很痴迷,执迷不悟。"

她说:"我长得很接地气,但是我的真实生活,其实别人看不到,它还是比较飘摇的,就好像在梦里面的……最起码在情感上是很飘摇的,没有内心的一种温暖和一种稳定的东西。我不伤感……其实我自己还是知道要什么,所以我也就一笑就过去了。"她平静地讲述这样的断言。

离婚后,闫妮又经历了一段刻骨铭心的恋情,她说:"我们满打满算在一起可能不到三年,但是拉拉扯扯了七八年。其实我觉得我跟他的感受是一样的,我们都觉得,哪怕两个人走不到一块儿,我也很难再走近另外一个人,别人也很难走近我。可是由于不知道什么原因,可能我们俩就是不能再走在一起。生活中的无奈和很多别的东西你是很难去表述的,这种东西只有靠你自己慢慢去体会。"

这段感情结束之后,她开始慢慢相信人生而孤独,她说:"我坚信这个,就是你要忍受孤独吧,但是你也不要怕,不用怕的……按理说我可能属于成家比较早的,我以前的那种家庭就是很温暖的,可是我还是要走,为了自由而离开了,对吧,可能我这辈子再碰不到那么温暖的家了,但是我还是毅然决然地走。"

俞白眉心里总有一个画面,那是很多年前两人在一起聊天,他心里最憨厚的闫妮眉开眼笑地对他说"哎呀，我觉得恋爱特别美好"。

后来俞白眉的电视剧《复合大师》找闫妮来客串，他们已经十来年没合作过了，他问闫妮："还记得你原来说那话吗？"

闫妮说："记得，我现在还是这么想啊，哎呀，恋爱多好啊。"

辑四

PART 4

态度

如果末日来临，就给末日一个微笑

贾静雯：女儿需要的拥抱和关心，我也需要

文 | 巴芮　编辑 | 金焰

每一个人都有自己的生命课题，
或许我的人生功课是在家庭上面必须要付出很多。

湖南卫视《妈妈是超人》第 3 季第 5 期，咘咘骑滑板车磕到嘴，大哭。贾静雯抱起她走到厨房，一边跟先生修杰楷解释状况，一边让他准备盐水——漱口、冰敷、检查伤口，一气呵成。虽然她没了平时的笑意盈盈，但却不失镇定之下泛出的柔情。

贾静雯用手指轻轻拢起女儿额上的碎发，嗓音温柔地说："下次小心好不好？妈妈知道很痛。"安抚女儿的同时，贾静雯知道，这也是在安抚自己。

在这一段新的家庭与母女关系中，贾静雯女士正在完成一场关于自我的修复。

年少时期家道中落，父亲患癌早逝，贾静雯从读了一年的北京电影学院辍学，一直不停地拍戏，同时还要安抚家人。她觉得自己一下长大了，被迫成为家中顶梁柱的角色，这剥夺了她大把本该美好的青春韶华，可是，在觉都不够睡的时候，哪儿还顾得上去为这些感伤。

离婚争女又让她那张被刘德华评为"170 厘米以下全台湾地区最美"的脸憔悴到变形。贾静雯差一点就放弃了抚养权，可是她不想让自己对女儿的爱被恨和抱怨取代。随着离婚而来的便是独自带女儿的心酸时光，紧绷得贾静雯差点成为《黑天鹅》里面控制欲超强的偏执母亲。

而现在，贾静雯想起那段倾其所有、半夜看着女儿睡觉会心疼到流眼泪的日子,她知道那其实也是在心疼自己,也知道给女儿的拥抱和关心她也需要。

是的,贾静雯意识到了,自己的感觉也是需要被照顾的,但那是在一切都变得安全了之后:她会在手忙脚乱地独自照顾两个女儿一整天后,扑到刚回家的先生怀里哭,这是被允许的软弱,不用担心被妈妈、弟弟看到。她可以拉出因童年缺失而藏在内心的幼稚小女生,戴上跟女儿同款的麋鹿发卡,在深夜抱着薯片抗拒"戒零食计划"——这都是可以被包容的。

所以,当记者见到一个梳着马尾、蜷缩着双腿窝在沙发里的贾静雯时,一点也想象不出那曾是一个扛起重负的"大女人"。另起一段贾静雯正经历着自己的"太平年"。人生轨迹中的大起大落已在新家组建后趋于平缓,四十不惑后,那些曾经被认为过不去、想不通的事,在贾静雯眼前都已变成了一片坦途,她说:"放眼看过去,所有的事情都好像很'太平年'的状况。"

以下是贾静雯的口述。

想把所有爱给她

我怀孕的时候就在想,到底什么时候才会有工作,所以有时候会害怕。演艺圈做女艺人跟男艺人不一样,女生可能还是有年龄上的限制。我妈妈一直讲女生要有自己的事业,一定要会照顾自己,要存钱。因为她从20岁嫁给我爸爸，就到我爸爸的餐厅去帮忙，父亲做什么她就跟着做什么。她没有自我，没有经济能力，所以她没自信。

自己决定带大女儿的时候我觉得我太坚强了，坚强到我觉得我什么都可以做。我送她上学、接她回家，没有工作，就是陪伴她。我觉得自己没办法给她一个完整的家，就想把所有的爱给她。

但给她太多了，反而她不会去珍惜。有些时候她明明态度是不对的，可我怕伤她的心，让她感到委屈，就说："没关系，我再给你一次机会。"她跟我有冲突，我也花很多心力去解释。"为什么要跟爸爸分开"她也有那个过程，我也会解释给她听，不是用骗或者不成熟的方式，我慢慢地告诉她这件事情的存在，让她知道自己是在这样的一个环境下成长。

关于她对爸爸和妈妈分开的问题，对我来讲有点不知所措，我不想伤害她那颗心，所以用了很多的方法跟她说——你是幸福的。因为大家传统的观念会觉得这是一个破碎家庭下成长的孩子，可我不要我女儿有这样的观念。

但这个过程我也会累，我也需要调适我自己，我只知道保护她，忘记也要爱护自己。现在会觉得，难怪有些时候我看她睡觉会忽然流眼泪，会心疼她，现在想起来好像也是心疼我自己，会想抱她，想要给她很多，我在给她爱的同时也在爱自己。

后来修的出现，她也有排斥，觉得又不是我爸，为什么要管我。她现在去了上海读书，没多久她就感受到我们对她的教育方式跟爱是这么全面，跟我们的关系比之前好很多。

她最开心的是现在我跟她父亲的互动是很健康的,非常和谐,都是因为爱她,没有什么过不去的。要去学校参加什么活动,她就会两边问。

修现在会跟我讲:"你有没有很庆幸遇到了我?"我说:"是。"他说:"如果没有遇到我,你对女儿的爱会不会像《黑天鹅》里面的妈妈,对小孩有很强的控制欲跟占有欲?因为你自己也没办法来摆脱这样的状态,这是你用全部争取来的爱,我们任何人都看得出来,你对她的爱是那么足,但对你女儿来讲会不会是压力呢?她会不会觉得,这不是她想要的生活方式呢?"

所以我也很感谢老天的安排,他让我们彼此都卸掉很紧绷的状态,看到彼此的爱是那么的珍惜跟难得。

我不是想在小孩间获得权威感,也不是很居高临下的妈妈,我希望可以跟她们3个成为很好的朋友。

我也会跟我妈讲:"以前我跟同学打电话,你会问是谁打来的,你这样,我反而很多事情不敢跟你讲,会用骗的方式,因为一定会被骂,时间久了我就不想跟你分享。"

大女儿现在步入青春期,要无话不谈有点难,她说我现在要去跟我同学讲一些事情,我说:"那是什么?"她说:"你不懂啊。"我说:"不懂你可以解释给我听啊。"她说:"那你先去听那个歌。"我说:"好。"她现在有分享的歌单,她会很希望跟你分享,也很谢谢她让我认识了很多以前不知道的团体。我希望自己可以因为他们使我更年轻,从他们身上我会看到很多年轻人世界的想法。

你很有勇气跟我在一起

之前总是一个人去照顾家庭与事业，所以当我碰到一个愿意照顾我的先生，我还有点不习惯。他常常跟我讲："你可以不要操心吗？你可以学着把肩膀上的担子拿下来吗？你可以不要忘记我在你身边吗？"我也跟他说："你要给我一点点时间。"现在很好了，因为我知道什么时候该依赖他，我们两个现在算是很舒服的一个状态。

结合之前，外界的言论对我们说真的没有什么影响，在一起的时候就知道会有这个状况。他属于那种——"那又怎么样，会影响到我们的生活吗？"我们两个互相都讲："你很有勇气跟我在一起。"

缘分来的时候，自己觉得是对的，就应该这样。因为大女儿的关系，我太多时间都是拒绝状态。可是忽然觉得这个人怎么那么适合摆在我身边，他也觉得这是他要的。当彼此感觉都对的时候，那我们到底在犹豫什么？

我父亲走得早，我妈妈就一个人带我们，她确实很爱我们，可能也因为爱我们而墨守成规，所以她的爱会有点辛苦。我很心疼她那个时候没有再去寻找属于自己的幸福。我不想将来有一天跟孩子说："我因为爱你们，当初牺牲掉什么。"

所以在情感的部分，我想要用比较强者的部分去面对，认命我好不甘心。我就不想像我妈一样，我除了要爱下一代，也要过好我自己的人生。

我觉得感情除了谨慎，讨论各方面的状况，还要有一点小小的冲动与对于爱情的追求。我对爱情没有放弃，我才会做这件事情。

如果我放弃，就会跟他说我不要，谈谈恋爱就好了。但是不对啊，我一直对家很渴望，我不想花太多时间再谈一个没有结果的情感。

有时候小孩都睡了，我和修会各倒一杯红酒坐下来聊天，这是我们两个最开心跟最珍惜的睡前时光。我们都没有想要赶快去睡觉，但有时候真的体力太差，我们两个看一部电影要看3天，因为早上都要起来送小孩。

后来我们觉得不行，还是要有一点自己的时间，于是就开始一起研究我们喜欢的红酒，开一瓶，我们两个人喝，聊天。我觉得这非常需要，我也很鼓励结婚多年的夫妻一定要有这个时间，即使现在再忙再累，你们俩一定要有自己相处的时间。

我们试过，有问题大家都不说出来，可是我的心思比较重，我会过不去，他知道了，他就会跟我说："你明明就有事，不要说你没事，你给我坐下来，现在把它讲出来。你讲完，用什么方式随便你，但你不讲，你会难受，然后我日子也不好过。"我不讲，他日子也不好过。我放在心里干吗？以前我是绝对不讲的，觉得是你应该懂啊，你要看出来我脸色变了啊，你为什么没有观察呢？所以人家说女人很麻烦，其实我回头看看修我还蛮同情他，他现在在我们一窝子女人中求生存。有我妈，有3个女儿，连我们家狗都是女生，再加上太太，就觉得，他现在变得很有和女人相处的智慧了。

我常常说："我到现在内心还是有一个很幼稚的小女生。"但是因为我的大环境让我已经变成了大人。我很开心当妈妈之后，我可以把我的幼稚鬼拉出来了，跟她们玩啊，跟她们怎么样，好像能够弥补了一些些我之前失去的童年时光。

追着钱跑

初中放学时我的学长在学校旁边的巷子想要找一个广告里面的女生，看到我，递了一张名片给我，他说："我是你学长，你不要紧张，把这名片给你妈妈，我觉得你很适合我们的角色。"我就觉得好恐怖，为什么怪怪的，我一直回头看他有没有跟着我。后来我把名片拿回去给我妈，我妈就去联系了，才知道这是真的广告公司，我妈和我就觉得那去试试看好了。

那时候我没想进入演艺圈，只觉得好玩，我现在还没有问过我妈让我去试一试的原因，但有时候我会想自己去做演员这件事会不会也有我妈的小小虚荣心，或许她觉得：哎，我女儿被人家看到，觉得长得漂亮，要拍广告。

在学生时期，就觉得能不读书最好，要请假一天，好，那就去试试看。但是当广告播出了，学校有讨论的时候，会有点害羞。那时候还会收到女生写她很讨厌我的信。收到我就会既害怕又有点难过，现在我跟我同学讨论，她们说："就是忌妒！"因为男生给我写小纸条。

我从来没有想成为明星，就是拍完，播出，得到大家喜欢，然后广告公司又接着再问我妈妈可不可以。那时候家里开餐厅，过得还蛮不错的。

爷爷要回老家去跟他的弟弟、家人见面，决定把餐厅关掉，带着钱投资到老家，可是那时候亲戚们的关系没有那么好，一投资下去，全部都失败了。

我那时候还不是太清楚，大人不会跟我们讲那么多，我们还是过我们的生活，只觉得为什么要搬家，父亲生病之后才知道投资失败。

大学的时候就看我妈妈为了生活要去赚钱，我就觉得，哦，那就回台湾地区，正好有戏拍就去拍。现在回想起来，我都是在工作、拍戏、赚钱。

辍学是没办法的，我想陪我爸爸。妈妈觉得可惜，没有念完，爸爸也好像觉得对我有一点亏欠吧。因为爸爸得的是癌症，医疗费很高，我印象中一天好几千，新的药进来了，一支药8000块、10000多，所以那个时候才觉得我拍戏好像追着钱跑。

做父亲没做完的事

我现在想为什么那段时间，我没有逃避或者觉得我做不到了，或许我对表演还是很喜欢的。其实拍戏，我的印象都是开心的，年纪比较小，导演、演员都很照顾我。所以我反而希望去拍戏，因为家里太压抑了，爸爸情绪不好，我也帮不上什么忙，唯一能帮上的忙就是好好工作、好好赚钱。

我不知道为什么上天安排了一个这么重的任务（父亲拔管）给我，那时候是我决定的。因为电话找不到我妈妈，医生在问怎么办，最后一刻我妈妈赶到说不行。我就跟我妈妈很冷静地讲爸爸已经被这个病折磨一年多了，我觉得父亲很痛苦，他被病魔折磨得已经不是他了，医生告诉她现在就只是维持病人的心跳，也没有其他的改变。那时候妈妈就是很难过，一直哭。

我爸走了这么多年，到现在我妈妈一次都没有提过，问我为什么要下那个决定。反而听她提到说我爸爸很辛苦，那时候做的决定是对的，但不是跟我讲，是跟我们家亲戚讲的。

确实我在那个年纪经历了生离死别跟家里经济状况不好的状态，但也没有到很惨。虽然弟弟还小，全家靠我一个，可是我们的收入还不错，我妈妈也没有跟我说过钱不够这样的话，生活上面拮据的时候，阿姨、舅舅还蛮支持我们家的。

那时候我正在拍《四千金》，我爸爸火葬之后，我就真的觉得我爸爸不在了，我那时候才把所有情绪放出来，在爸爸的灵堂前面大哭，我其实是一个不大会崩溃的人，我很稳得住，因为好像也没有时间，拍戏、睡觉都不够了，还要处理家里的事情。

在那之前我是很大胆的女生，因为爸爸以前带着我做了很多男生会做的事情。父亲离开之后，一下子觉得自己要长大，要去顾到家人，又要去工作，要去做父亲没有做完的事情。我觉得自己的勇敢可能从那时候显现出来了，也才发觉原来我是一个这么勇敢的女生，碰到事情也不会退缩。

我其实还蛮缺父亲那一块情感的。修确实有一些我父亲的影子：我爸爸是菱角嘴，修的嘴巴也是；我爸爸手很大，修也是。相处之后很奇妙，哎，你怎么有些想法或者讲话的方式会让我想起我的父亲？可是没有办法，父亲就是父亲。

从起伏的曲线到平和

生了我的大女儿之后,我的人生开始有一些变化,到第二段婚姻,我觉得那是我人生真正开始从比较起伏的曲线图变得比较平和了。

每一个人都有自己的生命课题,或许我的人生功课是在家庭上面必须要付出很多,那种累积才可以带给我工作上面很大的能量跟动力。大家常讲上帝关了一扇窗,他会帮你开另外一扇门的。但是当你被关窗的时候你不会这样觉得,你怎么会想到说我还有门,我觉得我已经是黑暗了,我完蛋了,可是现在自己回头想,哦,原来很多的美好是在后头的。

当下我不会这样想,可是我也不会绝望,我很痛苦,我会去接受,接受是一件很重要的事情,为什么会发生这样的事情,一定是有前因后果。不接受就表示你一直在抗拒这件事情,可抗拒它还是来了,那该怎么办?或许他们会说:"那你是不是有一点太认命?"可是有些东西是你的追求,这是你想要的,你才会有现在的这条路。人每天都在做选择,你选择 A 那就是 A,选择 B 那就是 B,所以是你自己生命上的一个选择。我很庆幸没有在人生最低潮的时候被我自己打垮,没有选择放弃,我觉得这是我替自己鼓掌的地方。

我说过我很善良,我待人处事也都是很好的,我也不害人,为什么有很多的事件会发生在我身上呢?在那个时候或许会有放弃的念头,觉得我好像过不了这一关了,或者是对我大女儿的爱我觉得是不是放弃会比较好?但是我很庆幸,因为我把爱看得很重,所以我不允许我的爱被别的东西取代,比如被恨、被抱怨,这些都是比较黑暗的那一面的，我还是很坚信爱是可以解决和改变事情的。

我觉得没有什么好遗憾和后悔的，因为是我的选择，我现在的幸福也好，生活也好，甚至我对人生的一些态度和观念，我都没有做过什么曲线图，未来肯定也不是现在的我。好多事情你即使想多也没有用，只会徒增烦恼，但我以前不懂。

贾玲:梦露与青蛙

○
○
○

文 | 靳锦

尽管以"女汉子"的形象著称,也做过诸如腾格尔、火凤等大受欢迎的模仿秀,贾玲女士最自豪的模仿角色是玛丽莲·梦露。那是2012年的综艺节目《百变大咖秀》,她戴金色假发,穿一身梦露标志性的白色长裙,随着《High歌》翩翩起舞。她觉得美,还特别像。

一个很红的胖子

尽管以"女汉子"的形象著称,也做过诸如腾格尔、火风等大受欢迎的模仿秀,贾玲女士最自豪的模仿角色是玛丽莲·梦露。那是2012年的综艺节目《百变大咖秀》,她戴金色假发,穿一身梦露标志性的白色长裙,随着《High歌》翩翩起舞。她觉得美,还特别像。

灯光亮起,万众屏息。贾玲留恋这样的时刻。所以她第三次登上春晚舞台时,还是激动不已。"你知道全中国人民都在看我,哇,那种感觉。"她脸上有光彩,"所有认识你的人都能看到你,不认识你的人也能看到你。"

贾玲几乎是梦露魅力的另一个极端面,她小圆脸,笑起来有两个酒窝,不产生诱惑式的距离和神秘,且极具亲和力。12岁时,比她大5岁的姐姐贾丹带她去见一位表演老师,老师一下子就喜欢上了这个孩子。贾丹说:"就看中她的长相,老师说她是干这一行的料。"贾玲却回忆,那是因为她讲了个笑话,把老师逗乐了,她说自己从小其实就挺搞笑。

她喜欢表演,并深信自己才华横溢。贾玲19岁考上中央戏剧学院喜剧班时,24岁的姐姐也收到传媒大学的通知书,但父母都是湖北襄阳化工厂的职工,家里的钱只够供一位。姐姐比较保守,选择留在家里，而且姐姐觉得两个人都在北京太危险了，家里要有人。贾玲从老家来到了北京。

中戏的喜剧表演班3年一招，一个班级三十几个学生，对日益惨淡的相声市场来说还是供大于求。毕业后，贾玲有3个选择，跟随男友去外地、回老家接受姐姐安排的工作，或者做北漂。她放弃了前两项，贾玲说："我觉得自己那么优秀的一个人，为什么要放弃梦想啊。"

但才华却没有外貌那样可以令人一眼看到。刚毕业的两三年，贾玲只能接到零星的演出工作，用跑剧组、酒吧打工的收入"养"相声事业。贾玲说自己当时住在一个胡同的小平房里，月租500元，一进门就是床，DVD堆满柜子，狗来了都得竖着摇尾巴。冬天，贾丹去北京看她，晚上热得睡不着，说暖气怎么这么热。贾玲说："平时没有，今天开是因为你给房东带了好多土特产。"

冯巩是喜剧班的负责人，也是贾玲的恩师。有一次，他和贾玲演出，衣服拿错了，跟贾玲回去拿时，才发现徒弟的窘境。冯巩眼睛红了，难受地说："我带你挣点钱吧。"那年他带着贾玲赚了十几万，解了燃眉之急。

当时，贾玲已经崭露头角，刚毕业就凭借男女相声作品《怎么了》获得首届北京相声大赛一等奖。相声市场疲软，奖项不足以带来工作，但的确是提高知名度的最好方式。2006年，央视举办相声大赛，贾玲和搭档王彤准备了作品《望夫成龙》。作品原本不成熟，王彤和很多前辈建议放弃，但贾玲却不愿意，于是她天天缠着专业老师，买礼物找上家门求教。"看她拉下脸找人家，我觉得，嗨，一个段子呗，不行就换一段。她不干，她觉得这个段子放弃可惜了。"

王彤对《人物》记者说。

"彤哥,我觉得坚持下去一定能成的,会火的。"贾玲给王彤提气。"轴。"王彤评价她。后来《望夫成龙》拿了专业组二等奖。

但贾玲困顿的生活并没有改观。贾玲的姐姐在家庭中是保守型角色,在家乡给贾玲找了一份交通局的行政工作,三天两头喊她回去上班。贾玲每次都说,再给我一年的时间,过了一年之后又说,再给我一年的时间。等到实在拖不下去,她求助老师冯巩。冯巩请贾丹来北京,第一句话就说:"你别让贾玲回,你没有看过她演出,她真是干这一行的料。"

"冯巩说,'我呢,也不能跟你保证别的,但是她干这行,还是能够养活她自己的,还是能够自食其力的。万一你担心她没饭吃了或者将来没饭吃了,以我的能力,保证她有饭吃还是没有问题的'。"贾丹回忆。话说到这个份上,贾丹只得放弃。

姐姐的担心从未间断。贾玲是易胖体质,每次回家,贾丹都不允许她吃高热量的路边摊,贾玲曾气得大哭。直到贾玲27岁,贾丹还因为妹妹腿粗,"啪"一个巴掌就打了过来:"你这能红吗?你这么一个胖子!"

贾玲坐在《人物》记者面前时,刚从繁忙的喜剧排练中缓过神,她叫了一个芒果冰激淋。"我现在是一个很红的胖子。"她说。

进错了澡堂子

喜剧班中，女生只占 1/3，目前活跃在台前的，只剩下贾玲一个。相声传承十代，几乎是女性的禁地。"这个行业，因为它要调侃，有时候是自嘲式的调侃，有时候要涉及家庭，涉及伦理。"相声演员李菁对《人物》记者解释。郭德纲经常开于谦的玩笑，说"我是你爸爸"，女演员没办法演。

贾玲刚出道时，发现戏园子里根本没有女更衣室，她只能在卫生间里换衣服。贾玲说："像你进错了澡堂子，可是你又想在这儿立足，怎么办呢？你就把自己伪装成一名搓澡工。"她最初的角色都是"花瓶"，站在男相声演员旁边铺垫包袱，然后由对方抖出来。

男女相声多是夫妻主题，贾玲早年的作品，都是扮演一个在家庭生活中不如意的小媳妇形象。她那时刚二十出头，却把头发油光水滑地梳到脑后，挽着手抱怨自己不争气的丈夫。搭档王彤在一旁接上"夫妻就是左手拉右手"的经典感悟。观众喜欢看男女恋爱、夫妻拌嘴，但也仅限于此。

李菁认为男女相声一般都比较"温"，效果不火爆，没办法热辣刁钻。没人愿意看到一个太会说笑的女孩子。"你找男朋友，你会说我希望这个男孩子幽默、孝顺、善良什么的。你不会讲我想找这个女朋友，首先她要有幽默感。"贾玲说。

她开始探索一条适合自己的新路，提出"酷口相声"。2008年的《大话捧逗》是"酷口相声"代表作，这本是一个传统的相声老段子，调侃捧哏和逗哏的定位，但贾玲加入了舞台喜剧元素，成为独特的相声剧。贾玲表演偏闹，肢体动作夸张，脑子又活，常把时下流行的影视桥段拿过来放大。采访中，她的相声同行们认为"酷口相声"概念不明确，谈不上革命性变革，但都承认，创新是女相声演员唯一的出路。

2009年，贾玲和新搭档白凯南在中国广播艺术团的晚会上演出《大话捧逗》，因为节目顺序临时调整，他们排在姜昆节目的前面。姜昆问："今天节目怎么样？"贾玲说："挺好。"姜昆问："适合上春晚吗？"贾玲说："挺适合的。"没想到她连客套也认真了，姜昆都一愣。

结果是节目演出是效果很好。晚上10点来钟，团里有人找到贾玲，让她给姜昆回个电话。姜昆在电话那头说："你这个节目确实不错，我给你推荐到春晚。"

节目顺利通过审查后，贾玲和白凯南登上了2010年的春晚舞台。此时的男女相声走出了情侣戏的套路，而且，贾玲也不再是那个捧哏的角色，而是变成了抖包袱的逗哏。那晚是贾玲职业生涯的转折点，她下了舞台想给家里打个电话，才发现家里人都睡了。南方人没有大年三十看春晚过年夜的习惯。

2010年之后，贾玲开始频繁登上各大卫视的晚会、综艺节目和真人秀。她的喜剧优势和最近几年的综艺潮流非常合拍。合作编剧马驰将贾玲的表演风格形容为"综艺感"。一般作品塑造人物就是从头演到尾，但贾玲演一段后往往跳出戏，变成贾玲本人，然后再跳入人物里。她性格豪爽、自信、爱搞怪，就把这种性格注入角色之中，往往人戏合一。

2014年,央视新开一档即兴喜剧真人秀《喜乐街》,几乎是贾玲展现自身特点的完美舞台。几位演员没有台本,听耳机里的表演指令,然后完成一个完整的故事情节。这对表演能力要求很高,又因为是即兴,演员基本只能本色出演。

但有一个细节让贾玲印象深刻。她和沙溢扮演一对经常损对方逗趣的兄妹,某集里,沙溢在听到指令后与她嬉闹,伸手打了她。"你有没有发现一点,《喜乐街》上沙溢有打我。"她对记者强调,"你会觉得他坏吗?不会,他不光不坏,还很可爱呢。他打我,让观众觉得我很可爱,他也很可爱。"

这是一个跨越 10 年的进步。当贾玲刚开始喜剧表演时,只能当花瓶,不做大动作、不说大话,扮安静贤淑。现在,花瓶碎了。她觉得自由了。

与身体和解

认识贾玲比较早的朋友对她的第一印象是——挺漂亮一小姑娘,晚一点认识她的朋友则觉得她朴实。编剧孙集斌老师说:"第一次见面发现她长得有点像我四舅妈。"

分水岭大概出现在 2012 年到 2014 年录制《百变大咖秀》。贾玲在湖南录制节目,流程辛苦,录完之后就让来自湖南的瞿颖带她去吃夜宵。两年录制期结束,贾玲胖了 30 斤。

也不是压力大，瞿颖说："贾玲就是爱吃，尤其爱吃口味重的。"好友潘斌龙看到她模仿小虎队那期，穿一身白西服，"她怎么好意思上去，太胖了"。但他也说，"确实一下子记住了贾玲"。

"贾玲的缺点就是胖，优点也是胖。"瞿颖表示，"你看现在她的标志就是胖，这样反而大家能够记得住。"有人说喜剧演员不能完美，不然没法调侃自己，而且一般胖子不会给你威胁感，亲和力大增。

身材变化后，贾玲开始在作品中自嘲，以往小媳妇式的娇羞全不见了，被置换成豪放的大龄女青年。《喜乐街》里，沙溢和李菁老问她："妹啊，你怎么又胖了？"或者感慨，"怪不得嫁不出去"。综艺节目《一起来笑吧》里，贾玲还演过一个甚至不被死牢里只剩几天生命的男人接受的女人。

"她原来漂亮的时候倒没有特别被观众所关注，就是说她受到外形的局限，有些东西不好表现。你想一个漂亮小姑娘，谁拉得下脸来，夸张地去表演一些什么东西。"李菁说，"喜剧靠自嘲，把讽刺性角色扣在自己身上，漂亮小姑娘就是没有胖子有优势。"

张小斐是贾玲的好友兼搭档，当贾玲从"微胖界"跨进"中胖界"的时候，向她表达过不适感。张小斐回忆道："我说咱们去买衣服吧，她说'算了吧，等我瘦下来再买'。"但说完之后仍一直在胖。贾玲不爱运动，也没办法用常规的节食减肥。她二十出头的时候为了能瘦，一个月没怎么吃饭，瘦了20斤。身体却垮了，现在只要不吃饭，全身就会起一层红色的包，像变身一样。

喜剧创作是极艰难的脑力劳动，想东西的时候人喜欢做点什么，或者抽烟，或者吃东西，得有点事干才是安慰。

贾玲喜欢吃。"她有的时候觉得自己特别辛苦，半夜回到宾馆，觉得特别饿，但是又什么都不能吃，她就会觉得人生怎么那么惨，我那么累，我连吃点东西都不行吗？"张小斐说。

后来贾玲参加一档喜剧竞赛《欢乐喜剧人》，节目需要6组选手每周出一个新节目竞争名次。喜剧手段不多，误会法、情境反差、人物反差等，一共就20多种。光这档竞赛，她就需要准备11个不重样的新作品。贾玲每天中午起，然后召集编剧想点子、磨段子，一直到凌晨四五点。"喜剧最简单一句话就是，拿你的思维跟观众赛跑，谁拐得快，谁就获胜。"马驰说。

熬到不行的时候，贾玲叫来一堆外卖，小龙虾、麻辣板筋、哈哈镜鸭脖。清淡的饮食不会令人有胃口，只有重油、重辣的食物才能刺激到胃，进而刺激到大脑。

早上离开讨论室回家，天已经蒙蒙亮。她和张小斐抱怨："我一个女孩，为什么要这样拼啊？"苗条漂亮的张小斐逗她说："你不像我，我以后应该还嫁得不错。"

小品排出来了，有一个舞蹈动作是伸着一根手指扭腰。张小斐扭起来没有喜剧效果，但贾玲一扭，大家笑得不行，都说只有你能扭出可爱的感觉。贾玲挺得意的。喜剧演员的身体即创作材料，她觉得与身体和解也不错。"那就不减肥了。"贾玲说。

名声日隆,也必然有其代价

贾丹带着妹妹学表演,本意是能有个吃饭的手艺。她们是化工厂的大院子弟,住在离襄阳市一个多小时车程的大山里。贾玲性格开朗又胆大,常领着一帮小孩爬树、掏鸟窝、在山上大坡溜滚轴。贾玲十二三岁,父亲就教她开农用拖拉机,姐姐和母亲在楼上看得心惊胆战,母亲感慨:"唉,两个疯子。"

某种程度上,性格特点也被贾玲代入表演中。她从不怯场,特别喜欢拉人看她演戏。早年去外地演出,她和白凯南半夜到张小斐房里,非要张小斐看她的作品。张小斐睡眼蒙眬,都不知道评价啥。贾玲在录制《欢乐喜剧人》期间,有时服装师和道具师来量尺寸,她就让人家坐那里看她新排的小品。演完问人家,有问题吗?你觉得好笑吗?

她享受舞台的感觉。观众的笑声像钩子一样钩住她。"我得积多少福才能站在这样一个舞台上赢得这么多人对我的喜爱,这就是忽悠我,他们用掌声和笑声忽悠我。你就特别想要给他们再创作一个小品,再上去让他们忽悠。"

贾玲很难只把表演看作谋生手段。她全程参与创作,兼顾服装化妆道具的选择。衣服上一个扣子不舒服,她都会要求改掉。喜剧注重节奏感,她需要精确计算道具的分寸,有时摆一个西瓜,西瓜切开后分成几瓣、每瓣多宽,她都要自己设计,这样才能不耽误包袱抖出的时机。

出道十几年,她的喜剧道路也变了方向。有一天,她跟白凯南说:

"哥,我弄不了相声了。只要相声还叫相声,大家就会用固定的眼光去看,原先禁锢在女性表演者身上的规矩能松一松,但很难打破。"此后她干脆全情投入小品。

小品也有局限。"无论是综艺,还是大型晚会,其实那个舞台都要求你特别声嘶力竭地喊出来。"马驰说,"小品表演是高八度的表演,基本只能塑造扁平化人物。'女神''女汉子'就是典型。"贾玲的下一个打算是影视剧。她说:"电影不怕细腻,能有内心戏,掉根头发都能够体现人物性格。"

贾玲开始在中戏学习的第一个月,母亲去世。"再没有一件事情让我真正开心起来。"贾玲说,她还要学习喜剧,这太过残忍。"即便我上了春晚,我能嫁得很好,我再怎么怎么样,我都觉得我始终……晚上躺在床上的时候会想着,我妈不知道。"

马驰说,作品里贾玲可以是剩女、胖子,但绝不可以是一个没有母亲的孤女形象。

出名之后,贾玲愈加孤独。没红的时候,所有的谦卑都有理由,她乐于和剧务、编导打成一片。现在,经纪人要求她少冲别人笑,要和大领导见面,并告诉她说:"你有你对话的人,我有我对话的人,你已经干涉我对话的人,我又没有办法干涉你对话的人,那么我们中间就会有问题。"

她承认自己还掌握不好分寸感。某一次上真人秀节目,看到农村的孩子家里穷,她凌晨趁剧组没起床的时候偷偷对孩子说:"我想供你上大学,给你买电视机。"孩子都不好意思了,说:"我家有电视,为了节目效果藏起来了,我爸妈也供得起我上大学。"

从相声、小品、综艺到影视，贾玲正逐步走向愈加自由的表演之路，名声日盛，也必然有其代价。"这是一场秀，而我过于真了。"贾玲说。

姐姐贾丹记得，在贾玲北漂的艰难日子里，特别喜欢于丹讲述的一个青蛙的故事：一群小青蛙爬铁塔，爬着爬着就有青蛙质疑说"傻不傻，为什么要爬"。大家不仅停下来，还嘲笑自己最初的想法。只有一只小青蛙在爬，爬到了塔顶。大家问你怎么有力量爬上去，才发现小青蛙是聋子，没听到议论。于丹不乏鸡汤式地总结：要有信念，不受他人蛊惑，认定的事情要做到底。

贾玲对贾丹说："我很想爬到塔顶，是想看看上面的风景如何。"

蒋璐霞：一个龙套演员的十年

○
○
○

文｜罗婷　编辑｜楚明

她漂亮又能打，在看脸的时代，却选择了最苦的方式。
跑了10年龙套，青春没了下落，只剩一身伤病，
直到这部电影才把她从生活的泥潭里捞上来一点儿。

2018年3月14号的那天晚上,演员蒋璐霞约导演熊欣欣吃了一顿饭。

10年没见了。进了饭店包间,一见到熊欣欣,蒋璐霞的眼泪就下来了,抱着他大哭了一场。

那天晚上,电影《红海行动》的票房破了34亿的大关,刷新了一次中国电影春节档的票房纪录。蒋璐霞在片中饰演"蛟龙突击队"中唯一的女兵佟莉,这是一个被编剧史航称为"难忘其轮廓"的女孩儿。

2008年,蒋璐霞拍了熊欣欣导演的动作电影《战无双》,由此入行。

那年她才22岁,聚精会神、全力以赴,满脑子都是电影梦。生活还没有伤害到她,世上许多事她都不怕,不怕失败、不怕受伤,最不怕的就是等。

等着等着,青春没了下落,只剩一身伤病,她什么也不是。直到这部电影,才把她从生活的泥潭里捞上来一点儿。

"熊导算是恩师,带我进门的人。这么多年我不敢见他,觉得自己没有混出来。现在终于可以说,至少有一部戏能拿得出手,请你看看。我没有轻言放弃,该忍受的,我都忍受过了。"

这是一个龙套演员的十年。也是一个年轻女孩儿所能付出的一切。

1

接到《红海行动》副导演电话的时候，蒋璐霞正在崇文门附近一家健身房的跑步机上跑步。

电话里，副导演告诉她，导演林超贤有一部新戏，需要一个会打的女演员，想见她。她挂了电话，激动得说不出话来，跑得更有劲儿了，但没把这个消息告诉任何人。

见面定在了1个月后。那是2016年冬天，天已经很冷了，蒋璐霞穿了个运动内衣，套了个薄西装就出门了。见面的地方在北京四季酒店顶层的咖啡厅，周围人都穿得体面齐整。

林超贤问她："你肌肉怎么样？"她立马把西装扯下来，露出背后肌、腹肌、胳膊："看，导演，怎么样？"几道好奇的目光扫过来，她不管。林超贤赞叹了一声："不错啊！"她才穿上。角色算是得到了。

林超贤不知道眼前这个女演员正处在怎样的职业状态里，也不知道这个机会对她来说有多重要——就差一点儿，她也许就要放弃这个行业了。

女打星蒋璐霞，2018年32岁了，至今依然单身，入行也已经有10年了，但还是没拍过什么大角色，也没赚到什么钱，伤倒是攒了一身。

在饰演《红海行动》中的角色女兵佟莉之前，她曾经被一个军旅题材的电视剧选中，要去做女一号，蒋璐霞特别高兴，她告诉了身边所有人。准备了半年，到开机前一周，剧组告诉她换人了，理由是"找到了更合适的人选"——这就是她不告诉任何人她要去见林超贤的原因。

时间再往前，蒋璐霞也参演过两部电影，一部是《战神戚继光》，她在女主角万茜旁边站了1个月，这1个月的台词就只有一句话，"好的，夫人"。她参演的另外一部戏是《鲛珠传》，排在演员表的第11位，妆化得脸完全看不出来，台词，一句没有。

这就是演员蒋璐霞从2015年到2017年的全部生活。

2

蒋璐霞身上有很多粗粝的东西，让你很难把她和其他女明星联系起来。

那张脸是美的，皮肤白皙、线条清晰、棱角分明，但不打理，还顶着昨夜哭过的、红肿的鱼泡眼。身边的工作人员嫌她不注意形象，朝她嚷："你把那黑坎肩给我脱了啊！"她马上嚷回去："怎么了啊!"她不嫌它土。

2018年3月15日下午,《人物》记者到达采访地点的时候,蒋璐霞正在帮公司客厅挪沙发。扛一大沙发,推来移去,身边人赶紧制止她:"你在干什么呢?"

工作人员让《人物》记者多问一些有关于时尚的问题,说她在转型,她却叉开大腿坐着,露出手臂的肌肉和青筋,说自己是个"练武之人"。

《红海行动》上映后,编剧史航和她在微信上聊天儿,发现她很有意思,都是自称"璐霞",比如"璐霞赶紧去安排一下时间",史航觉得她"有点儿像江湖人,像武侠片中的人物"。

这都是往事的痕迹。

蒋璐霞从内蒙古通辽走来,那里天地广阔,她从小就"虎",抓猫、抓蛐蛐儿、在田野里疯跑。7岁那年看了一部武侠电影,就发梦,闹着要成为一个大侠,要去少林寺学武。姥爷不愿意她一个姑娘跑那么远,可是不成。在一些人的孩提时代,总有那么一个短暂时刻,命运就这么写好了。

在河南生活的岁月里,童星释小龙成了她的师兄,那时候的释小龙已经拍了火遍全国的《少年包青天》。而她什么都没有,只有羡慕。

河南的冬天很冷,宿舍的窗户直接是一层塑料布,她睡在门口,门缝也呼呼透风,冷透了。他们在砖地上练功,她抻着了筋,身上练出了伤,只好从武校退学,考上了北京体育大学,以为执念就要这么断了。

3

最初在她看来,北京是座生机勃勃的大城市,不同于河南乡野。

这里四处都是机会,声名很快眷顾了她。

2007年,那是现在看来已然古老的博客时代,她在大学宿舍里拍功夫视频,给自己取名叫"猫耳宝贝",形象清新,身手又好,很快火了,实打实的点击率2500万,粉丝QQ群有20多个。只是关注来得快去得也快,人群很快散去了。

机会再一次到来,就是1年后,她去给郭晶晶做广告替身,被导演熊欣欣发掘,带到香港去拍了电影《战无双》,算是正式踏入了演艺圈。

蒋璐霞很快发现,做一个动作演员,比做大侠可难多了。熊欣欣要求严格,进组拍摄的第二天,她从玻璃房子里撞出来,碎掉的钢化玻璃扎进了指骨,缝了7针,两天后就要拍一场竹架上的打戏,导演嫌手上的绷带太假,让她拆了。拍一场,流血了,换了创可贴,再拍,最后竹竿上血迹斑斑的,都是她的。

经纪人吓哭了,给公司打电话要求毁约,"小霞太遭罪了,这不叫拍戏,叫玩命"。蒋璐霞不愿意,打了50多天,拍完了整部戏,后来别人问她,在香港拍戏都去哪儿玩了,她答,只去了医院,中医、西医,拉着去,再拉着回来。最后得到片酬12万,和公司二八分,拿到了两万四。

她努力地想获得新的机会,又耿直地与圈子的运行逻辑为敌——一般来说,女演员要红得长久,就要拓宽戏路,要转型,漂亮的女孩儿,就应该多演感情戏。但在当年的采访里,有人问到她是否接受吻戏,她脸红了,问:"武打我就不用替身了,但这个可以用替身吗?"

那就只剩下最苦的方式了。

她在香港这一块方寸之地,在动作片这一个不景气的行业里,成了"保镖专业户",演过古代的保镖、现代的保镖、民国的保镖。"那时候觉得打得好看就行了,我也不会演戏,导演觉得行就行。而且给我的角色,说实话,也没有发挥的空间,不需要演,你打就行了。"

配角要迁就主角的戏份和时间,她成了整个剧组那一部分最先到场、最晚离开的人。

4

当蒋璐霞意识到自己的戏路太窄时,已经迟了。

她已经不年轻了。伤病,所有动作演员不得不面对的难题,同样也没有放过她。

2012年年底,旧伤新疾同时爆发,她从脖子到胸到腰椎,到坐骨神经,到脚腕、手腕,全都是伤。到北京积水潭医院去看,医生让她动手术,不然到老了,绝对是半瘫的状态。

那时候她特别怕坐车经过减速带,或者车轧着石头,只要颠一下,她脖子立刻就疼,手马上全麻,疼到不行。所以只要一上车,她就扶着脑袋,不敢晃,四处求医去治她的脖子,拍戏挣的钱,全搭在医药费里了。

蒋璐霞休养了两年,再回到内地找戏时,世界已经变了。她做了厚厚一沓简历,去各个剧组投,去试戏,都是石沉大海。有一次,一部网络大电影找到她,结果又把她给拒了,她陷入极度怀疑:"哇,我完蛋了,连网络电影我都演不了了,我还能干什么啊?"

有时候圈子里的朋友聚在一块儿,越聊越灰心。师兄释小龙现在很少拍电影了,他劝她:"不要再练了,你曾经练的那些有什么用?你练个九节鞭,人家也会练,你天天练干吗呢?没事儿该干吗干吗吧。"

退一步说,她漂亮又能打,这是稀缺的品质,不一定没有出路,但是"那些事儿我干不出来"。那些事儿,指的是混圈子、拉关系、八面玲珑、讨圈内大佬喜欢。

她的朋友张立鹏是中国格斗名将,国内70公斤级别最优秀的MMA拳手。常有一些女演员去他所在的拳馆。他觉得蒋璐霞和许多人不同,他说:"她没有像别人一样,我漂亮,我就可以怎么样怎么样,她没有,真是靠自己的努力走出来的。"

没有戏拍,经济条件不太好,她存不住钱,不敢跟朋友出去吃饭。只有那些旧识的香港导演偶尔还记得她,有打的角色就叫上她,"我们行里话就叫赏饭吃,还是让我能存活下去"。

5

身边的朋友都觉得蒋璐霞勤勉。现实残酷,她对此了然于心,但对职业的忠诚和热情没有变过。

2010年,演员蓝盈莹在中央戏剧学院的课堂里认识了她。那时她去中戏进修,班上的女孩子都觉得她酷,她教她们练剑,帮她们排毕业大戏,两人因此成为好友。

到了2015年的冬天,再在横店重逢时,蓝盈莹在拍《山海经》,蒋璐霞在拍一个电视剧,戏份并不多,俩戏疯子一见面只聊戏。蒋璐霞当时一人分饰两角,总让蓝盈莹给她讲戏。蓝盈莹在电话里回忆起俩人相处的细节时,一直感叹:"霞姐一直都是一个无敌积极的人。"

在等戏的日子里,蒋璐霞也没有放弃训练,这是吃饭的本事。健身房太贵,她想了个办法——在网上买团购券。15块钱一节课、一次试练,但是一个健身房只能用一次,她就每次换不同的健身房。"如果北京有100家健身房,我至少跑过80家,你去调监控,都能看到我。"

这些事张立鹏最清楚。从 2014 年开始,他和蒋璐霞就在一块儿训练。为了那部最终没要她的军旅题材电视剧,她找了一个做过雇佣兵的人专门学枪械,又跟着张立鹏学格斗、柔术。每次他看到她,都像中了魔怔一般,在反复比画刚学的枪械动作。

为了练出上镜的肌肉,她平常只吃沙拉、水煮西蓝花、鸡胸肉,体脂低到了 9%。"她的身体我觉得就剩一层皮了。"张立鹏总劝她,"不要太过了。"

得到剧组换人消息的那天,是蒋璐霞唯一没有训练的一天。他们去吃饭,一坐下,蒋璐霞就哭了,张立鹏吓得够呛,连忙问她怎么了,她边哭边说:"那个电视剧,没了。"

她消沉了一阵子,但很快又自我调节好了。在拍《鲛珠传》的时候,蒋璐霞只是一个不露脸的小角色而已,但张立鹏发现她又开始琢磨,去学了踢踏舞,想把舞步加进动作里。每天学完舞步,再练格斗,再拿兵器研究动作,天天如此。

《红海行动》有一场戏,蒋璐霞和一个外国男性在机舱里打斗,她攀上对方的后背,用手搂住他的脖子,身体向里收,将他锁晕。张立鹏说:"这个动作在格斗中叫'裸绞',霞姐的动作非常标准、非常真,格斗圈里看到了,挑不出一点毛病来。"这是她从 2014 年开始,训练 3 年的结果。

6

这个春节,张立鹏和蒋璐霞吃了个饭。她开玩笑说起,生活实实在在地变了。过年这期间,她手机被打爆了,各种祝福的短信涌进来,手机死机了好几次。

她又重新拥有了一大票粉丝。10年前的"猫耳宝贝粉丝群"消失了,10年后的"蒋璐霞全球后援会"成立了。

这与她过去3年的寂寥生活差别太大。"以前可能一个星期接不到一个电话,收不到一个短信。因为没人记得你啊,不知道你在干什么,甚至有人说你还在当演员吗?其实我一直都在啊"。

"那你有没有觉得这个圈子很……"我问蒋璐霞。她还没来得及回答,坐在我身后的她的工作人员头也没抬,突然接了两个字,现实。

前几天,她见到了圈子里知名的武术指导陈虎,他曾经是《黑客帝国》的武术指导,基努·里维斯的功夫老师。他拍拍她的肩膀:"不容易,这么多年吃苦,没白费。"

她珍惜好不容易获得的机会,给她打电话、发短信,不论是谁,她都回得诚恳,有她的礼数在。再小的采访,她也去参加。史航在微信上邀请她去朗读会,她十分谦卑,说怕自己半路出家,会给他添乱。史航再坚持,她就谦虚地回复:愿意斗胆尝试一下。

这个行业的好时光已经不在了。2010年那会儿,京城这一群动作演员总在一块儿切磋功夫,他们不在饭桌上见,而是在各大练功场上见。如今老的老、病的病、伤的伤,女性动作演员就更少了。她说自己选择的道路是一条"羊肠小道"。

一部戏火了而已,成功似乎还不是那么显而易见,但这个短发姑娘,底气更加足了些。只要有人说蒋璐霞拍戏艰辛,她就回一句:"那有啥呀,我还没老。"

看见

倾听

触摸